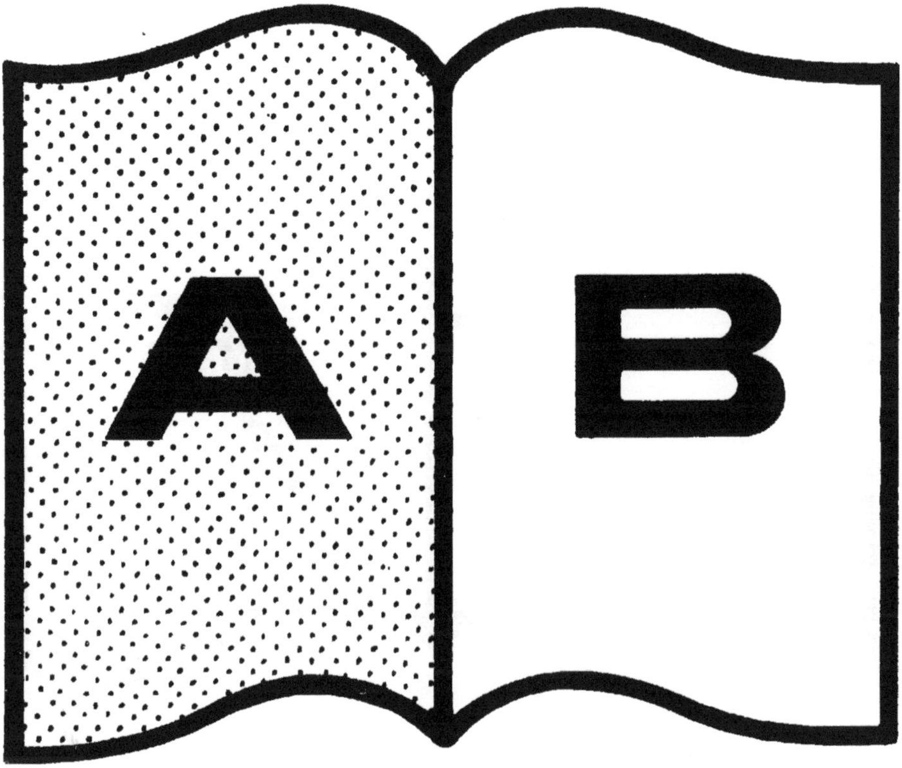

Contraste insuffisant

NF Z 43-120-14

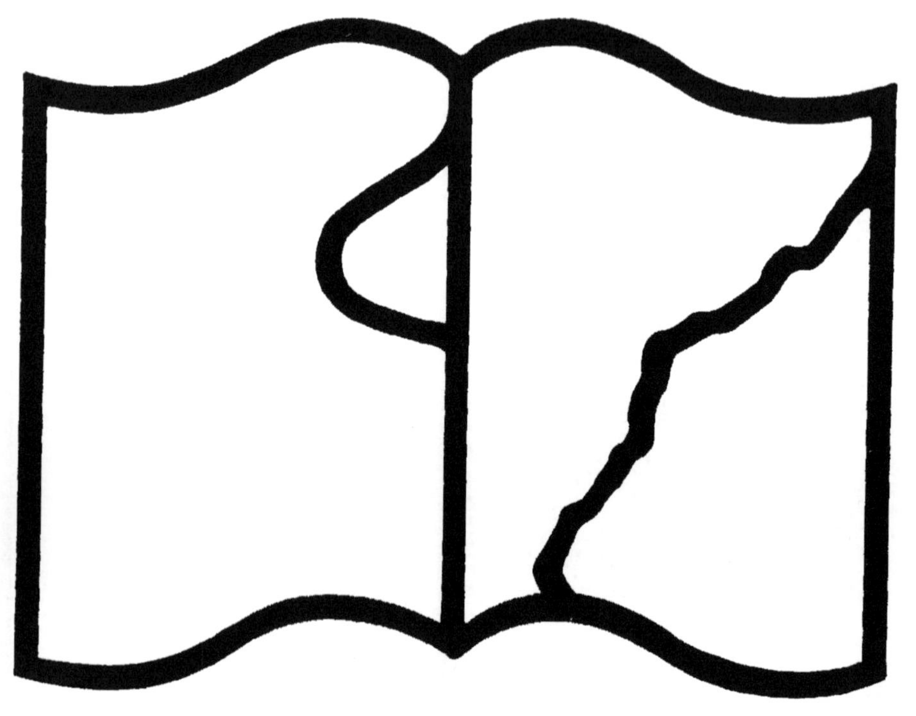

Texte détérioré — reliure défectueuse

NF Z 43-120-11

CHRONIQVES DES DVCS DE BRABANT,

Composées par Adrian de Barlande, Professeur de l'Eloquence à Louain:

Nouuellement enrichies de leurs figures & pourtraicts.

A ANVERS,

Se vendent en la Boutique Plantinienne, chez la Vefue & le Fils de Iean Moretus.

M. DC. XII.

TERMINA
IMPERIVM CAELO HAEC
LVRE LEONES

B.B.
Clara Ducum series, virtutum gloria maior,
Vos ornat titulis, et vos ornatis eosdem,
Viuite longæuis, Alberte, Isabellaque seclis.

A LEVRS ALTESSES
SERENISSIMES

ISABELLA CLARA EVGENIA, INFANTE
D'ESPAGNE, ET ALBERT
D'AVSTRICHE, DVCHESSE ET
DVC DE BRABANT,

Iean-Baptiste Vrients, d'Anuers, leur tref humble Seruiteur.

QVI osteroit aux femmes leurs miroirs, Altesses Serenissimes, & donneroit aux Princes le miroir de l'Histoire pour l'estudier, cestuilà feroit de grands remuemens en peu de temps. Car d'oster les miroirs aux femmes, qui sont leur plaisir & leur vie, & où elles sont fondées de si long temps, soit de nature, ou de coustume, ce seroit les ietter en de grandes alterations. Aussi de donner aux Princes les Histoires pour les aprendre, & quiter leurs es bas pour les estudier, ce seroit aller contre le courant des fleuues, ce seroit s'opposer à la cheute des torrens, & bref ce seroit mettre en reuolte & en alarme toute la constitution de l'Vniuers. Et neantmoins, qui osteroit l'vn, & donneroit l'autre, il feroit de ces deux cõtraires, qui sont oster & donner, comme vne composition de contraires ingrediens, qui seroit grandement salubre au genre humain.

✱2

Car

Car comme il osteroit ce, qui seroit cause d'vn grand mal, aussi donneroit il ce, qui seroit cause d'vn grand bien. Et à la verité, comme à oster, & donner consiste la bonne disposition du corps, aussi à oster, & donner consiste le salut des Republiques. Ostez les mauuaises humeurs, & donnez lieu aux bōnes, vous faites vn corps plein de santé: ostez les vices, & donnez les vertus aux peuples, vous faites des estats pour durer vn' eternité. Car ce n'est pas assez au iardinier de donner la bonne graine à son par-terre, il est besoin encore pour leur accroissement, qu'il en oste les mauuaises herbes. Aussi le sol des estats ne requiert pas seule-ment la semence des belles vertus, mais il desire outre cela l'extirpation des vices. Ie vous represente ceci, Altesses Se-renissimes, sous la figure de ces deux miroirs, dont l'vn auroit besoin d'estre osté, & l'autre d'estre donné. Pour ce, que l'vn est le miroir de la Vanité, & l'autre le miroir de la Verité. Les femmes se plaisent en l'vn, & les bons Princes se plaisent en l'autre. En l'vn les femmes passent leur molle oisiueté, en l'autre les Princes regardent leur vertueuse generosité. La femme auec le miroir atife sa teste, le bon Prince auec l'hi-stoire orne son chef, luy qui est le chef de ses prouinces, & la teste de son estat. Et ceste teste d'autant plus digne, qu'elle com-mande, & n'obeit point, qu'elle preside, & n'incline point. Ou celle de la femme (si elle n'est Princesse souueraine) est subiet-te, tant par nature, que par la loy, à vne perpetuelle obeïssan-ce. La femme par le miroir se farde quelque fois, & par le fard corrompt l'œuure de Dieu, altere la nature, voire la violente. Et bien souuent non pour plaire à vn mari, mais pour donner plaisir à vn adultere. Le Prince par l'histoire aprend à viure sincerement, & reiette le fard des fausses vertus, que compose Machiauel, deteste toute hypocrisie, tient ses subiets en la crainte de Dieu, & en l'obeïssance de
l'Eglise,

l'Eglise, ne corrompt son estat de tyrannies, & mauuaises
meurs, & moins encore de fausses doctrines & religions ; &
n'a desir que de complaire à la raison, qu'il a espousée, & à laquelle il a iuré vne perpetuelle societé, & inseparable alliance.
Et certainement comme des histoires bien leües il est arriué
de grands biens : aussi de ces testes si bien peignées, de ces faces si
bien mirées, & de ces ioües si bien fardées, il est aduenu de
grands maulx. Car comme dit le Poëte :

Long temps au parauant qu' Helene fut sur terre,
Les hommes se faisoient pour les femmes la guerre.

Et neantmoins la mesme fin, qu'a la femme à se mirer, le
Prince la doit auoir à lire l'histoire, & à l'estudiër. Car la
femme consulte son miroir pour corriger la laideur, si ell'est
laide, & pour accroistre sa beauté, si ell'est belle. Et le Prince lit l'histoire pour corriger ses defauts, & donner accroiß-
sance à ses vertus. Mais quoy? (me direz vous) nous faites
vous des miroirs de papier barbouillez d'ancre, quand le
papier n'est susceptible de formes, & moins encore capable
de les rendre, & que l'ancre peut plus tost noircir & ob-
scurcir, que de representer? Vos Altesses me pardonneront,
si ie dis qu'il y a en l'Vniuers vn milion de choses, qui ope-
rent ce, qu'on ne pense pas, voire qui font des effects côtrai-
res à leur nature. Ie ne parleray point des plantes, qui cachent de secretes medecines, dont les hommes s'esbahissent,
& à bon droit. Qui penseroit qu'vn bois tombé dans l'eau
soudain se conuertit en pierre, qu'vn ver à soye deuint vn
papillon volant, qu'vn œuf se conuertit en vn oyseau, &
qu'vn serpent peut viure enclos sans air, & sans aliment
dans le milieu d'vne pierre dure? Et quant aux choses, qui
font des effects contre leur naturel, qui croiroit que l'eau en-

★ 3

gendrat,

gendrat du feu, & que le feu, qui consomme tout, engendrat
& nourrit des animaulx, & que des fueilles d'arbres n'a-
squissent des oiseaux, comme l'asseure l'histoire naturelle?

De grands secrets nature tient couuerts,
  Au ventre creux de ce grand Vniuers.

Nous confessons que le papier de soy n'est susceptible de
formes, mais penseroit on que naturellement celle, dont se
font les miroirs, receut la clarté, & la digerat, & que par
reflection & repercußion elle representat un visage?
L'antiquité a fait des miroirs d'argent, d'estain, d'arain,
& d'acier. Ell'en à fait de pierre, ell'en a fait de marbre,
& de crystal, außi bien que de verre. Penseroit on que le
metal en sa miniere, & le marbre en sa pierriere, ou le
crystal en sa roche, ou le verre en son four, n'eau fut susceptible de formes, pour les rendre & les renuoier, comme
il se fait, par les miroirs? Non certes. Qui donques rend
ceste matiere propre à faire miroirs, & qui fait qu'elle reçoit & rend la figure des choses obiectées? C'est la main de
l'homme. Ie di, ceste industrieuse main, qui fait merueilles,
ceste main diuine, & mortelle neantmoins, qui se fait mesmes admirer à la nature. Car c'est elle, qui despoullant ces
matieres de leur grosse robe, & les aiant delicatement ha-
billées, polies, & adoucies, les rend capables de representer.
Ou si c'est un crystal, ou du verre, ou quelque matiere, qui
de soy reluit, & est transparète, c'est elle, qui luy donne fueille au derriere, à fin que par l'opposition d'un corps opaque
& tenebreux elle siste & arreste l'umbre de la figure re-
presentée, & la contienne sans qu'elle passe à trauers, voire la contraigne par reflection de la rendre & la renuoier
au corps dont elle part. Ainsi les anciens auec une fueille
d'or

endoſſée ont garni leurs miroirs d'argent, pour les faire repreſenter. Et les Venitiens à jour d'huy auec vne fueille
d'argent reueſtent leurs miroirs de verre. I'en dis autant
du papier. Car de ſon naturel il n'eſt pas apte de receuoir ni
de rendre aucune figure, mais quand la main d'vn excellent œuurier & quelque bel eſprit l'a diuinement poli &
adouci, il n'y a argent qui ſoit ſi beau, il n'y a criſtal de roche
qui ſoit ſi clair, & qui plus naïfuement & veritablement
repreſente. Par la poliſſure l'antiquité a fait repreſenter
les miroirs d'argent & d'eſtain, & par la meſme poliſſure
elle a fait que les marbres & les pierres, voire l'acier, qui
ont le corps dur & obſcur & rude & raboteux, peuſſent
repreſenter les choſes objectes. Et pour-ce qu'on dit de l'ancre, qu'ell'eſt plus propre à barbouller qu'à rendre la clarté,
il la faut prendre comme celle qui donne l'embruniſſement
au miroir, & qui par les ombres eſt cauſe qu'il repreſente.
Car la blancheur de ſoy eſt plus propre à eſcarter & diſſiper,
que non pas à retenir & aſſembler. Ainſi les bons œuuriers
de l'antiquité ont tous bruni leurs matieres blanches, à fin
de les faire repreſenter. Brindes en Italie a eſté recomman-
dé pour ſes miroirs d'eſtain, qui toutefois eſtoyent brunis
auecque de l'arain. Praxitelle excellent miroitier du temps
du grand Pompée bruniſſoit auſſi ſes miroirs d'argent, dont
il fut l'inuenteur. Et que dirons nous de l'Egipte, qui pein-
doit l'argent en brun, & par maniere de dire le mettoit en
teinture brune, voire l'aueugloit, à fin de le faire mieux voir
& mieux repreſenter? C'eſt pourquoy l'ancre ſur le papier
fait qu'il reçoit mieux, & qu'il rend mieux les images qui ſe
preſentent. Ne vous eſmerueillez donc point, s'il vous plait,
de ces miroirs cõpoſez de papier & d'ancre, mais ſans vous
amuſer à la matiere, jettez l'œil deſſus l'ouurage, qui la
ſurpaſſe,

surpasse, & admirez en l'artifice ce qu'il y a de grand & de
recommandable. Car ce miroir de l'Histoire (ainsi le puis
ie nommer à bon droit, puis qu'ainsi Plutarque l'apelle en
son Timoleon) a des proprietez, qui sont singulieres & es-
merueillables. Premierement que non seulement il represente ce que les Princes ont ou de beau ou de laid, mais il le
represente naïfuement & naturellemët. Il y a grande dif-
ference de se mirer en eau bourbeuse, ou de se voir dedans
la glace argentée d'une claire fontaine. Pour-ceque l'un
vous obscurcit les yeux, & cache vos defauts, ou l'autre
(comme ell'est pure) vous represente purement & veritablement la beauté ou laideur de vostre nature. Il ne faut
pas boire de toutes eaux, aussi ne faut il pas croire à tous miroirs. Pour-ce qu'il y en a qui vous font les membres plus
grands & plus gros, qu'ils ne sont de nature. Oyez un
courtisan qui discourt des meurs de son Prince, il en fait
un Dieu. Tous les courtisans de la court d'Alexandre luy
persuadoyent qu'il estoit Dieu, & venu d'un Dieu. Vn
seul Callisthenes, qui voyoit le sang sortir de sa playe, luy
dit que c'estoit le sang d'un homme, & non d'un Dieu. Si
le Prince est auare, le courtisan le fait bon mesnager ; s'il est
prodigue, il le fait liberal ; si adultere, c'est un galant homme ; si athée, c'est un homme d'entendement. De sorte qu'il
ne faut pas croire à ce qu'il represente, d'autant que c'est
un miroir flateur & menteur. C'est une eau de mare,
un'eau croupie & bourbeuse, qui se tenant quoye dans le
limon & la vase de dissimulation, n'est propre ni à representer, pour-ce qu'ell'est obscure, ni à boire, pour-ce qu'elle
n'est pas saine. Les courtisans resemblent à l'eau de leur nature, pour-ce qu'ils vont ou le vent de la faueur les pousse,
Et comme l'eau fait resembler un auiron tortu, lequel est
droit;

droit, & la terre tourner, laquelle ne bouge : ainſi d'vn
homme iuſte & droit ils le feront paroiſtre au Prince comme vn meſchant, & d'vn perſonage ferme & reſolu, vn
homme plein d'inconſtance.

L'homme ne peut, s'il a l'eſprit tortu,
Droit meſurer le fil de la vertu.

Encore noſtre hiſtoire, qui eſt noſtre miroir de papier, a
des proprietez plus ſignalées. Car s'il y a quelque tache ſecre-
te, que le Prince couure, pour ne la faire conoiſtre à ſes ſub-
iects, il a ceſte vertu de la leuer, & de la luy repreſenter. On
dit du feu qu'il fait paroiſtre ſur le papier blanc les chiffres
& eſcritures ſecretes, & qu'il deſcouure & monſtre aux
yeux ce qui eſtoit au parauant caché : Et de l'huile qu'eſtant
iettée dedans la mer, ell'a vne vertu de clarifiër les ondes,
& rendre paroiſſant ce qui eſt tombé & caché juſques au plus
profond. L'eſtomac des Princes eſt vne mer, où il y a beaucoup de flots, qui couurent de grands ſecrets & de bonnes &
mauuaiſes penſees. Et comme en quelque fond de la mer il
y a de la vaſe, & en l'autre du ſable, voire des perles auec
leurs huiſtres : Ainſi en la poitrine de quelques vns il y a
des vices cachez auſſi bien que des vertus, leſquels toutefois ce miroir repreſente par vne proprieté qui eſt admira-
ble. Cardan recite, qu'on a trouué de noſtre temps l'inuen-
tion de retirer les nauires ſubmergez, & peu à peu les faire
venir & monter ſur l'eau, bien qu'ils fuſſent enſeuelis au
fond des ondes. Noſtre miroir fait leuer peu à peu tous ces
defauts cachez en la poitrine des Princes, & les fait monter
du profond du cœur à leur viſage comme ſur l'eau, de ſorte
qu'il les ſiſte deuant leurs yeux, à fin de les juger, & aprendre les calamitez qui en viennent. Mais il fait plus pour-ce
qu'il

qu'il monstre mesmes les defectuositez qu'a le Prince, & qu'il
ne voit pas: & les taches qu'on voit & qu'on ne luy dit pas.
Car encores que les Princes soyent Princes, & qu'aprcs
Dieu ils tiennent le haut & souuerain degré d'hõneur entre les hommes, si est-ce qu'estant composez de mesme paste
que le vulgaire, ils sont aussi subiects aux mesmes imper-
fections que le vulgaire. L'or entre les mineraux est le
Roy, c'est le Prince des basses concauitez de la nature, &
la plus noble & excellente composition de tout ce qui naist
aux entrailles de la terre. Toutefois il a sa scorie comme l'e-
stain & le plomb, il a son escume comme la plus basse & vile
espece de tous les metaux : Et c'est ce qu'il aporte du ventre
de sa mere. Or entre les vices qu'ont les hommes, ceux là sont
les plus dangereux, que nous ne conoissons pas, comme les plus
redoutables ennemis sont ceux, dont on ne se doute pas ; je di
ceux qui sous le nom & resemblance d'amitie s'insinuent
en nostre hantise & conuersation. Le cuiure reluit comme
l'or, & n'est pas or, mais il veut passer pour or : l'estain a la
couleur d'argent, & n'est pas argent, mais il veut passer
pour argent : comme les vices cachez veulent passer pour
vertus, & les ennemis pour vrais amis. Que s'il y a quelqu'vn qui s'aperçoiue de ceste fraude, & la declare à son ami,
dequel loyer n'est il digne, & de quelle bienvueillance ne doit
il estre gratifié? Or c'est le vray naturel de nostre miroir, de
reueler la trahison de ces vices couuerts, qui sous aparence
de vertu s'insinuënt aux esprits des Princes, & sans qu'ils
s'en aperçoiuent, qui les minent secretement comme le ver
caché dedans le bois, ou comme la fieure lente, qui sous aparence de chaleur naturelle peu à peu nous ronge les veines, &
nous tire à la mort.

Sou

CHRONIQVES
DES DVCS DE BRABANT,
COMPOSEES
PAR ADRIAN BARLANDE, RHETO-
RICIEN DE LOVVAIN, ET NOVVELLEMENT EN-
richies de leurs figures & pourtraicts.

PREMIEREMENT DV DVCHE DE
Brabant, & des villes qui y font.

BIBLIOTHEQVE IMPERIALE

E BRABANT eft vne prouince de la baffe Germanie, plaifante & agreable, riche en beftiail, plus fertile en bled, mais tref-abondante en fruicts. Elle a bon nóbre de fameufes villes, les maifons defquelles, foyent publiques ou particulieres, fe monftrent par fingularité. Elle a pareillement beaucoup de bourgs, qui fecondent les villes en beauté. Les gens y font fort honorables, & addónez à toute courtoifie. Ils aiment les lettres & la pieté, & ne font mauuais à la guerre: Car, cóme dit le Poëte, *en ce pais font hommes de valeur.*

Et certes il n'y a nation, à qui le Brabant quite l'honneur de l'humanité & de bonté, ni peuple qui fente moins les incommoditez de a vieilleffe: Car touf-jours ils fe tiennent gais. Tout le païs eft fort plaifant, & couuert de bois en maints endroits, & fi eft abondant en plufieurs fortes de beftes fauuages. L'air y eft fi pur, principalement pres de Louuain & de Malines, qu'eftant la pefte fouuent ès lieux circonuoifins, ceux de Brabant n'en fentent rien. La terre par tout y eft fort herbué, & fort foifonnáte en toutes chofes, qui font ou plaifantes au nez, ou gratieufes au gouft. Elle donne en abódance ce qui fert à la recreation de l'œil, & largement elle produit tout ce qui eft befoing pour la fanté de fes habitans.

A

DE

LOVVAIN eſt la ville principale de tout le païs de Brabant, qui ne cede à aucune autre en temperature d'air & clemence du ciel. Dedans ſon enclos vous y verrez de libres prairies, des vignes, de beaux & grands jardins, des terres labourables, des clos d'arbres fruitiers, des champs, des buiſſonnages, des bois, des paſtures, de petites fuſtayes, de petits taillis, de ſorte qu'à bon droit nos peres l'ont choiſie pour eſtre le ſejour des ſciences & des bonnes lettres. Car ell'a vne Vniuerſité, qu'apres Paris il n'y en a point de mieux peuplee, ni de mieux ordonnee. Il y a en la Chreſtienté beaucoup de villes, où lon enſeigne les ſciences, mais en toutes il y a quelque choſe à redire: Car à Orleans, qui eſt en France, vous n'y liſez que les loix, à Paris que la Theologie, le droit canon, & la philoſophie. Il y en a d'autres, où lon ne lit que la medecine: Mais à Louuain lon enſeigne toutes ſortes de ſciences & de diſciplines. Ceſte ville a des egliſes en bõ nombre, dont l'vne, qui eſt S. Pierre, eſt ſi elegamment baſtie, que ſelon le jugement des grands architectes peu ſe trouuent, qui ſoyent ſi bien cõduites en toutes leurs parties. Vis à vis de ceſte egliſe eſt la Maiſon de ville, qui eſt vn bel œuure, & qui teſmoigne en pluſieurs choſes que Louuain autrefois a eſté vne fort grande & floriſſante ville. Les François, les Allemands, Les Anglois, les Italiens, qui la voyent, s'eſmerueillent de ce baſtiment & de ſon artifice. l'Vniuerſité de Louuain a vn Chef, & comme vn Prince, auquel chacun obeït; ils l'appellent *le Recteur*. L'office duquel eſt de faire juſtice aux eſcoliers, garder leurs priuileges, & chaſtiër ceux qui auront failli. Quand il marche en public, ſon officier va deuant luy, lequel ils nõment *le Bedeau*. Derriere luy ſont ſes ſeruiteurs. Son authorité ſe voit en ce, que les Bourgmaiſtres & Magiſtrats, & les premiers hommes de la ville, ſe leuent deuant luy, & luy font place. S'il va en l'aſſemblee des eſtats, leſquels ont couſtume de ſe tenir à certains jours de l'an, il y a nombre de Bedeaux, qui võt au deuant de luy, & portent verges dorees, pour teſmoignage de ſa grandeur & dignité. Cõme nous eſcriuions ceci eſtoit Recteur Maiſtre Martin Dorpius, profeſſeur en Theologie. Encore y a il d'autres choſes dignes d'eſtre veües en la ville de Louuain, comme l'hoſtel Dieu, qui eſt fort grand, & où il y a des femmes, qui touſ-jours aſsiſtent

aux

aux malades, & qui les foulagent, & leur adminiftrent cé qui éft befoing.
Et fi il y a vne autre maifon, par maniére de dire digne des dieux, & digne
d'un Prince; laquelle le Pape Adrien fixieme fit baftir, n'eftant encore pape. Dedans la ville eft le conuent des Chartreux; en vn lieu reculé &
loing de gens, de forte que les religieux n'ont que faire de fouhaiter la fo-
litude, laquelle ils ont dans cefte ville. Tous les eftrangers qui voyent leur
maifon, confeffent, qu'entre les maifons de leur Ordre il ne fe voit rié de
plus beau. Aux murailles de la ville, & au chemin qui va droit à Malines,
il y a vn chafteau fort ancien, & commode pour les Princes, qui fe veulét
vn peu retirer d'affaires, & fe donner quelque loifir. Au mefme lieu fur la
montaigne eft l'églife de Monfieur S. Ieã Baptifte. Et vis à vis du chafteau
dont j'ay parlé fe voit vne tour enclaueedans le mur, qui eft de pierre blã-
che, & fi haute, que quand l'air eft ferain on en peut defcouurir la ville
d'Anuers, bien qu'elle en foit efloignee de huit lieües. Vulgairement cefte
tour s'appelle *Defpence perduë*: laquelle depuis quelqué temps les Bourgmaiftres & Efcheuins ont fait refaire, non fans grãds frais, pour-ce qu'elle
fembloit fe ruïner. Outre l'abondance du bled, fromét, & des herbes,
& du metail, & des pommes, & des poires, & des pefches, & autres chofes
neceffaires, que rend ce terroir, pour la vie de l'hõme, encoré il luy dõne du
vin. Duquel le naturel eft tel, qu'il n'enyure pas, & n'efchaufe les hommes ni au combat ni à l'amour. C'eft pourquoy les preftres le doiuent
boire; car les lettres faintes veulét qu'ils foyent perpetuellement fobres &
continens.

DE LA VILLE DE BRVXELLES.

'E S T vne ville fort excellente, tãt pour le nombre des cour-
tifans, que pour les belles fontaines, & magnificences de la
court, & pour le bel hoftel de ville, & autres plufieurs chofes
de remarque. On peut dire d'elle ce que difoit Aufone de Bordeaux:

Delectable sejour d'un doux ciel composé,
Et d'un sol foisonnant de tant d'eaux arrousé.

LES habitans d'icelle font monstre entre tous de leurs richesses en leurs habits, & principalement les femmes. De toutes les eglises qui y sont la plus magnifique est celle de sainte Goule, qui est vne eglise collegiale de Chanoines.

DE LA VILLE DE MALINES.

Alines est esloignee de Bruxelles & de Louuain de deux lieües, & est vne ville forte d'afsiette & de ramparts, qui a comme les autres ses perfections nõ vulgaires. L'air y est fort doux & sain, les habitans, honnestes au parler, & aux meurs tresagreables. Ils sont fort cõpagnables & ciuils, voire genereux quãd il en est besoing. La largeur & la netteté des ruës y est fort plaisante. Le parlement s'y tient, & y a de fort belles eglises, mais deux principalement : L'une de nostre Dame, & l'autre de S. Rumold, qui est bien ornee, & qui est accompagnee d'une tour fort belle & haute.

DE LA VILLE D'ANVERS.

A ville d'Anuers maintenant se presente, afsise sur la riuiere de l'Escau, place fort renommee pour le trafic. De l'afsiette de laquelle, & de la beauté de ses edifices, & de l'industrie de ses habitans, & mesmes de leurs richesses aucuns ont escrit des liures particuliers. C'est vne excellente ville partie maritime, & fort hantee de marchans François, Alemands, Espagnols, Anglois, & Italiens. Ajourd'huy par la grace de Dieu, & par la prudence de son senat, elle est si

riche

riche de trafic, qu'elle ne peut ceder ni à Londres en Angleterre, ni à Frāc-
ford en Alemaigne, ni à Paris en France. Toutes les maisons des particuliers sont industrieusemēt basties. Mesmes il y a debat entre les citoyens,
à qui bastira plus magnifiquement. Il y a plusieurs grandes eglises: Celle
de nostre Dame qui est fort ample, auecque son clocher fort haut basti de
pierre blanche. La merueille des habitans est la subtilité & l'industrie de
leurs ouuriers. Ils bastissent leurs maisons plus hautes que larges, pour le
peu de lieu qu'ils ont, & quasi toutes de pierre. Ceste ville, entre toutes
celles qui sont ès païs bas, est fort addonnee aux cerimonies de l'eglise, &
à qui aime fort la pieté. Elle a vn monastere de l'Ordre de Premonstré
fort bien basti, & auquel est la sepulture d'Isabeau femme de Charles Duc
de Bourgongne.

DE LA VILLE DE BOSLE-DVC.

C'Est vne ville fort recommandee, tant pour ses colleges, que pour
estre les habitans braues aux armes. Ceux de Geldres ont
senti leur main le temps passé, auec lesquels souuent ils se sont
meslez, nō sans perte d'une part & d'autre. En ceste ville est vne
eglise de S. Iean, la quelle il fait fort bon voir.

DE LA VILLE DE MAESTRICH.

MAESTRICH, qu'ils nomment vulgairemēt le haut Maestrich,
à fin d'en faire separation de Maestrich qui est en Hollande, autrement nommé Vtrech, fut le païs du Pape Adrien sixiesme, prece-
pteur de l'Empereur Charles cinquieme. C'est vne excelléte ville, tāt pour
estre forte de nature, que par art, & pour le grand nombre de peuple qui y
demeure, comme aussi pour les excellens edifices, & pour deux colleges
de Chanoines qui y sont, sçauoir à S. Seruaes & à nostre Dame. Ceste
ville semble estre deux villes, qu'un pont qui est assez long vnit & joint
ensemble. Et bien que les habitans soyent fort voisins du Liege, si est-ce
qu'ils fauorisent grandement la maison de Bourgongne.

A 3 DE

DE PEPIN PREMIER DVC DE BRABANT.

CHAP.   I.

E premier Duc des païs bas a esté Pepin, fils de Carlo-man, qui ayát pris femme en Guyenne, vainquit les Sue-ues & autres peuples d'Alemaigne. Il eut trois fils,& pour ses filles Begue & Gertrude, dont la derniere a esté mise au rang des Saints. Son fils fut Grimoald, qui son pere mort fut Duc apres luy. Sigibert Roy de France , vsant fort du conseil de ce Prince,bastit en diuers lieux diuerses abbayes & hospitaux,pour la nour-riture des pauures. Toutefois Grimoald ayant esté tué par quelques siens ennemis,sa sœur Begue auecque son mari maniérét pour quelque temps les affaires de Brabant.

PIPINVS SENIOR BRABANTIÆ DVX I.

ANTONIVS BRABANTIÆ DVX XXXIII.

DE

ANSEGISVS ET BEGGA BRAB. DVCES.

DE PEPIN SECOND.

CHAP. II.

PEPIN second du nom succeda à sa mere, & fut troisyesme Duc de Brabant, qui se nomma *Herstal* : Il prit son nom de *Herstal*, placé entre le Liege & Mastrich, où le mesme Pepin auoit basti vn chasteau sur la Meuse, & auquel souuent il se retiroit pour le plaisir du lieu, comme je pense. Ce Prince estoit issu de parens fort religieux : & pour ne parler des autres, il eut Begue pour sa mere, qui fut sœur de S. Gertrude.

De son mariage, & de ses enfans.

CHAP. III.

LECTRVDE fut sa femme, qui estoit fort religieuse Princesse. De sorte qu'estant vnis & comme liez & enchainez ensemble d'un si sainct lien, après auoir pensé que la concorde estoit la source de tout bien, ils moyennerent que la paix & la tranquillité fut tous-jours auec eux. Ceste côcorde apporta ce bien, que de ce mariage issit vne digne lignee : Car ils eurent trois fils, Drago & Grimoald, qui pour auoir confessé vaillamment le nom de Dieu, fut martirisé au Liege pour la foy Catholique, & est enseueli en l'Eglise S. Iaques. Le troisyesme fils fut Silue, homme fort religieux, qui est mis aussi au nombre des Saincts. La fille fut Notburgue : qui estant apportee à Coulogne, pour y estre enterree, fit plusieurs miracles; qui fut vn argument de sa bonne vie. Pepin vit mourir auant luy tous les enfans qu'il auoit eu de Plectrude.

PIPINVS II. HERSTALLIVS COGNOM.

De la guerre qu'il eut auec les Frisons.

CHAP. IIII.

LVY gouuernāt le Brabant, les Frisons, pour lors Infideles & ennemis du nom Chrestien, mirent pour ce subject toute la Frāce Orientale au fer & au feu. Dont Pepin estāt aduerti, luy qui estoit fort Catholique, choisit quelque nombre de gens. Et sans d'auantage arrester, estāt passé en Hollāde, assiege Valtéburg, à present dite Vtrec, & apres auoir esté bien & longuement defendu, finalement il le prit. Entrant en la ville il mit au fil de l'espee vn fort grand nombre de Barbares. Voy-là comme premierement les Frisons furent subjuguez, qui jamais au parauant n'auoyent obeï à Prince estranger. Or Pepin desirant de conseruer les ames de ceux qu'il auoit acquis par l'espee, il leur enuoya Guilibrord, qui lors estoit fort renommé de saincteté, à fin de leur ouurir les yeux, aueuglez d'infidelité, par la lumiere de l'Euangile, & pour attirer à la cognoissance d'un seul & vray Dieu ceste nation indomptee.

De l'adultere où il tomba.

CHAP. V.

DEPVIS Pepin tomba en vn vilain adultere, qui fut trouué plus ord, que jusques à ce jour il auoit tous-jours innocemment vescu. Car il abusa d'une gentil-femme, nommee Alpiade, pourueüe de singuliere beauté, & l'engrossa. De laquelle tint vn fils nómé *Charles Martel*. Ie trouue que ceste passion d'amour maistrisa tant Pepin, que Plectrude sa femme legitime estant encore en vie, il espousa Alpiade. Et pource que Lámbert Euesque de Mastrich l'en reprit, le Prince Dodo, frere d'Alpiade, enuoya gés pour le tuër, craignant que Pepin ne laissat sa sœur. Ie trouue qu'il fut tué la nuit, apres auoir au parauant fait ses prieres. Sabellicus en son liure de Enneades en parle ainsi : *Et Lambert homme excellent en*

sain-

ſaincteté mourut martir, pource qu'il reprit Pepin d'auoir auec ſa femme pris vne
concubine. Le frere d'Alpiade le tua, non ſans chaſtimét: Car il tomba en vne eſtrã-
ge & cruelle maladie, & ſon corps ſe mãgeoit & deuoroit luy meſme, & s'engēdroit
des tourmens. Les Grecs appellét ceſte maladie Phthiriaſis, les Latins mal de poux
ou Pediculaire. Dans le meſme autheur je trouue ces mots: Blódus dit que
Pepin eut deux femmes, Calpiade, de laquelle iſſit Charles Martel, & Ple-
etrude. Les vns ont dit qu'il prit Calpiade pardeſſus ſa femme. Et y en a
d'autres qui eſcriuent que Charles Martel eſtoit fils d'une concubine, &
iſſu d'un mariage illegitime. Tant la varieté eſt grande des eſcriuains.

De ſa mort.

CHAP. VI.

HERSTAL apres auoir fait ce que j'ay dit, & pluſieurs autres choſes,
qu'il fit ès Gaules, car il en eſtoit gouuerneur, finalement vint à
mourir, le 29 an de ſon regne. Toutefois parauant que de mourir, il
fit aſſébler les principaux de toutes les Villes, & fit ſon fils ſon ſucceſſeur,
lequel fut embraſſé d'un chacun, encore qu'il ne fut pas de legitime mariage.

B 3

DE

DE CHARLES MARTEL,

& de ses guerres, & de la descente des Sarasins en France, & des Frisons.

CHAP. VII.

E Charles *Martel* fut d'vn naturel robuste & comme ferré, & de là il prit le nom de *Martel*; Car Martel en nostre langue vaut autant que ᵺamer. Aussi le monstra il bien à ses ennemis, lesquels il surmóta: Dót les Saxons furent les premiers, estant vne natió fort ennemie & pleine de rebellion. Depuis il subjuga les Allemans,& les Sueues. Apres il paracheua par l'entremise de ses lieutenás les guerres qu'il eut cótre Eudó Visigoth Prince de Guyenne & de Gascogne. Car estát entrez en la Gascongne auecq; leur armee,& rencontrant Eudon, qui leur venoit au deuant,il y eut vne grande bataille. En laquelle Eudon eut du pire. De sorte que se defiant de ses forces,il appella les Sarasins à son secours, qui tenoyent l'Espagne dix ans au parauát. Et lesquels entrez en Fráce, prindrent Bordeaux de viue force, & la pillerent entierement. Les hommes, femmes,& enfans n'y furent espargnez en haine du nom Chrestien. Ils ruïnerét tous les temples, & abbatirent les images. Des-ja le bruit couroit,qu'ils s'en alloyent à S. Martin de Tours,pour le piller, à cause qu'il y auoit beaucoup de choses precieuses. C'est pourquoy Charles ayant assemblé son camp, & ayát practiqué Eudon,qui les auoit fait venir, il vint droit à Tours, pour leur faire teste. Il fut combatu vaillamment, & d'une & d'autre part la rencontre fut dure, mais pour les Sarasins fort funeste. Car on escrit qu'il fut tué des ennemis de nostre foy sur le champ soixante & dix mille. Charles nó content d'une si belle victoire,ayant dompté les Bourguignons, & apres la mort d'Eudon,(à l'aideduquel il auoit desfait les Sarasins) ayant mis la plus part de la Guyenne en sa main,il se resout de faire guerre aux Frisons; c'estoit vn peuple qui lors n'estoit pas Chrestien. Y estant donc allé par mer, il pilla tout, il tua tout, n'ayant esgard ni au sexe ni à lage, brisa leurs idoles, & mit au fer & au feu tous leurs temples.

CAROLVS MARTELLVS BRABANT. DVX.

Comme Charles Martel commandoit aux Rois de France.

CHAP. VIII.

QVAND Childeric Roy de France fut mort, Charles Martel refusa obstinément le royaume & la couronne, qui luy estoit presentee: I'aime mieux, dit-il, cōmander aux Rois, que d'estre Roy. Et lors il mit Dagobert en la place de son pere, pour-ce qu'il estoit l'aisné de Childeric. Quatre ans apres estant decedé, Charles y mit Lothaire, qui ne regna que deux ans. Par apres Chilperic leur cousin voulāt par force occuper le royaume, Charles s'y opposa auec vne armee, & fut la fortune contraire à Chilperie. Lequel estant vaincu, peu de temps apres enuoya des ambassadeurs à Charles Martel, qui fut tellement persuadé, qu'il le fit Roy. Ayant regné quinze ans, quelques vns ont escrit qu'vn Theodoric luy succeda. Les autres escriuent que ce Theodoric auoit esté Roy deuant Childeric, & disent qu'ils estoyent freres.

D'autres choses par luy faites.

CHAP. IX.

CE mesme Charles desfit les Sarasins deuant Auignon, car ils auoyent lors occupé cesteville, & fit mourir en combatāt Amorrheus, qui estoit leur chef, & qui estoit venu d'Espagne, pour leur donner secours. Du temps de Gregoire troisyesme Pape Lutprand Londus Prince de la nation Lombarde assiega Rome. Et cōme le Pape n'eut aucune esperance en l'Eempereur Leon, il escriuit à Charles estant en France, & le pria de le secourir. La lettre leüe, toutes choses postposees, il commande à Lutprand, qui estoit son ami, qu'il se desistat d'inquieter l'eglise. Ce qu'il fit tref-volontiers, pour ne rien refuser à Charles. Et de ce temps-là toujours depuis les Rois de France ont fauorisé le S. Siege.

PIPINVS III. BRAB. DVX, FRANCOR. REX.

DE CHARLEMAIGNE.
CHAP. XIII.

ENCORE que le Royaume de France laiſſé à Charlemaïgne par ſon pere fut fort grãd, ſi eſt-ce que par les armes il le rendit beaucoup plus ample: Car il y adjouſta la Guyenne, la Gaſcogne,& tout le Pirenee, & l'Italie depuis le Piedmont juſques à la petite Calabre, & les Saxõs deça & de là la riuiere d'Elb,& la Hongrie, & la Dace, qui eſt d'outre la Danoüe,& l'Eſclauonie,& la Croacie, outre les citez qui ſont maritimes. Il dompta toutes les nations Barbares,qui ſont en Alemaigne entre la Viſtule & le Rhein.Quãt aux Saraſins,il les contraignit de ſe retirer en vn coing de la Betique, laiſſant le coſté de l'Eſpaigne. Il fit la guerre à Didier Roy des Lombards ennemi du Pape, & l'ayant reduit ſous ſa puiſſance, le cõfina dans la ville de Lion.Enuiron la feſte de Paſques Charlemaigne eſtant paiſiblement & en amitié venu à Rome,le Pape Hadrian premier du nom le receut, & apres auoir fait en ſa faueur, & pour auoir defendu le ſaint Siege, pluſieurs decrets grands & honorables,finalement il le laiſſa partir.Peu de temps apres il recommença la guerre de Saxe,dont la cauſe fut la rebellion : Car Charlemagne abſent, le Saxon pilla toute la Germanie juſques au Rhein.Eſtãt venu à bout de ceſte guerre, il fait la paix auec le Duc de Bauiere:Et quelque temps apres il reuient aux armes, pour ne luy auoir eſté bailléz les hoſtages,que le Duc de Bauiere luy auoit promis au premier traité. Apres que ceux de Bauiere ſe fuſſent rendus à luy,il tourne ſes armes vers les Eſclauons,& en vn eſté il s'en fit maiſtre.Apres venant aux Huns, que deſ-ja lon appelloit Hongres,il leur donna vn grand eſchec, & depuis s'eſtãt rendus à luy,il les traita fort humainement. Donc Charlemaigne eſtant renommé de tant de victoires,& d'auoir vaincu tant de fortes nations, finalement il vint en Franconie, c'eſt vne prouince d'Alemagne: où ayant aſſemblé grand nombre d'Eueſques, l'hereſie de Felix fut condamnee, laquelle aboliſſoit les images.

CAROLVS MAGNVS BRAB. DVX. FRANC. REX ET IMP.

Comme Charlemagne fut declaré Empereur par le Pape Leon troisiesme.

CHAP. XV.

LE Pape Leon troisyesme du nom, qui succeda à Hadrian premier, côsiderát les insignes merites de Charlemagne & de ses predecesseurs enuers l'Eglise, & que les Empereurs de Constantinoble ne la vouloyent defendre qu'auec difficulté, du consentement voire à la priere de tout le peuple, il declara Charlemaigne retourné à Rome Empereur des Romains, & le sacra en presence d'iceluy, apres auoir crié par trois fois: VIE ET VICTOIRE A CHARLES AVGVSTE, COVRONNE DE DIEV, ET GRAND ET PACIFIQVE EMPEREVR.

Des femmes de Charlemagne & de ses enfans.

CHAP. XVI.

IL eut trois femmes, la premiere Hildegarde, dont il eut trois fils, Loys, Pepin, & Charles. Par apres il espoula à Vormes en Alemagne la fille de Rodolphe Conte de la France Orientale : Elle auoit nom Fastrade, de laquelle il eut deux filles, l'vne Theoderate, & l'autre Hiltrude. Fastrade decedee, il se maria à Lutgarde, dont il n'eut aucuns enfans.

Comme Charlemagne fonda l'Vniuersité de Paris, & de ses enfans, & d'autres choses qu'il fit, & finalement comme il mourut.

CHAP. XVII.

ESTANT sacré Empereur, & ayant pris en protection l'Eglise & le Pape, il estoit prest de faire chastiër vn nommé Campulus, & vn autre nommé Paschal, attains & conuaincus d'impieté. Mais à la priere du Pape il leur remit la peine, & les reléga en France. Et côme il cherissoit fort les bónes lettres, il fonda à Paris vne Vniuersité, pour y aprédre la diuine & humaine sapience, c'est à dire les lettres sainétes & les prophanes, vne autre à

LVDOVICVS PIVS IMP. CAR. MAGNI F.

DE GEOFFROY LE BARBV.

Pourquoy lon omet les vies de quelques Ducs de Brabant, & des guerres
qu'eut Geoffroy le Barbu auec Arnaut Prince de Grimbergue.
CHAP. XXVII.

E n'eſt pas mon intention ni d'aſſeurer ni deniër ce qui s'eſt fait
depuis l'empire de *Louïs le Pieux* juſques à *Geoffroy le Barbu,*
lequel recouurit le Brabant ſur les Princes des Ardennes, qui l'a-
uoyent occupé: Car cela ſe lit en autre endroit, non ſans ſuſpition dé la verité corrompue. Ce qui enſuit, tant pour la noũueauté, que pour la varieté
du ſubject, pourra eſtre non ſeulement delectable au Lecteur, mais auſſi
prouſitable.

Donc, Geoffroy apres auoir recouuré le Brabant par la force des armes, declara la guerre à Arnaut Prince de Grimbergue, lequel eſtant fort
riche, & plein de valeur, refuſoit de recognoiſtre Geoffroy pour ſon ſouue-
rain. De ſorte qu'il fut bien joüé des couteaux, & donné force coups de
broches & de coignees. A la fin Arnaut eut le bó. Et depuis ſeſtât ſouuéte-
fois récontrez, il y eut en diuers lieux beaucoup de ſang humain reſpãdu.

Pourquoy il fut dit le Barbu, & de l'amour que chacun luy portoit.
CHAP. XXVIII.

G EOFFROY fut appellé *le Barbu,* luy qui eſtoit l'aiſnay de ſes freres, pour auoir promis à ſon pere de ne couper ſa barbe, qu'il n'eut
recouuert la Lorraine & le Brabant. Chacun de la nobleſſe l'aimoit, &
beaucoup de Rois deſirerent ſon amitié par l'entremiſe de leurs ambaſſa-
deurs. Car il eſtoit Prince fort debonnaire, & eſloigné de toute meſchanceté & tyrannie. Il cherchoit le prouſit de ſes ſubjects, & negligeoit le ſien;
il veilloit pour les faire dormir à leur aiſe, il trauailloit pour leur acquerir
du loiſir; il faiſoit bien meſmes aux ingrats, & à ceux qui n'y penſoyẽt pas,
voire à ceux qui n'en eſtoyent bien aiſe.

De ſa deuotion enuers les Saincts, & de ſa mort.   ### CHAP. XXIX.

Q VI L ait eſté fort deuot & religieux, tãt de Monaſteres en font foy,
qui ont eſté baſtis & dotez de ſes deniers. C'eſt vne de ſes fondatiõs
que le Monaſtere du Pape, qui eſt pres la ville de Louuain, & qui depuis par
le bon meſnage des Abbez ſ'eſt accreu d'edifices & de riches poſſeſsions.
L'Abbé qui y eſt à preſent, & qui gouuerne les affaires de l'abbaye, & les
meurs des religieux, n'a ſoing que de conſeruer ce que ſes predeceſſeurs
ont acquis, & que le conte qu'il en rendra luy ſoit aloüé. Ce Geoffroy le
Barbu eſtant decedé, fut enterré à Affligin, qui eſt vne Abbaye entre Bruxelles & Aloſt, & où il y a des religieux de bonne vie.

GODEFRIDVS BAR-   BATVS DVX BRAB.

DE GEOFFROY, FILS DE

*Geoffroy le Barbu, & des guerres qu'il eut auec
Henri Prince de Limbourg.*

CHAP. XXX.

GEOFFROY le Barbu estant mort, son fils ayant vn
mesme nom que luy, vn an apres qu'il fut Duc de Brabāt,
assembla vne puissante armee, & alla contre Henri Duc de
Limbourg, pource qu'il estoit entré en Lorraine, & l'auoit
entierement pillee & rauagee. Il assiegea saint Trudon,
dont les habitans tenoyent le parti de Henri, & apres les auoir batus à
plusieurs fois, finalement de peur de pis ils vinrent à composition, à condition de luy estre fideles & obeïssans. De sorte qu'il leur pardonna, & chan-
gea le Magistrat, jettant dehors les fauteurs & amis de Henri.

*Comme il s'achemina, à Aix la Chapelle en Alemaigne, &
de la guerre qu'il eut contre le Prince de Grimbergue,
& finalement de sa mort.*

CHAP. XXXI.

DE là il s'achemine en haste vers Aix la Chapelle, où estant entré, il
fut deux jours qu'il estoit comme Empereur, & contraignit les habitans de prendre les armes auec luy côtre Henri, lequel ayant rompu & defait, il reuint en Brabant auec son armee victorieuse. Quelque
temps apres il remit sus la guerre de Grimbergue, mais auec plus de perte
pour luy que de proufit: Car le Prince de Grimbergue recouura dessus luy
tout ce qu'il auoit perdu. I'ay leu en quelques Chroniques, qu'enuiron ce
temps-là en vne nuit pleut du miel au terroir de Louuain. Depuis
Geoffroy vint à mourir, ayant tenu le Brabant enuiron trois ans & quelques mois. Il est enterré à Louuain à saint Pierre.

GODEFRIDVS III. IN CVNIS BRAB. DVX.

DE HENRI PREMIER,

de son mariage, & de ses enfans.

CHAP. XXXV.

HENRI premier de ce nom succeda à Geoffroy au Duché de Brabant apres la mort de son pere. Il espousa Mathilde Contesse de Boulongne, dont il eut deux fils, Henri, qui depuis fut Duc de Brabant, & Godefroy: Et si eut quatre filles, dont l'aisnee, qui fut Marie, espousa l'Empereur Othon quatriesme. Les trois autres furét mariees à d'autres Princes.

De quelques actions dudict Henri.

CHAP. XXXVI.

L'AN deuxyesme de son gouuernement Henri fit abbatre le chasteau, que vulgairement on nommoit Duras. Et six ans apres il le fit rebastir entierement, non sans grande despence. Apres il assiegea, & batit, & prit saint Trudon. Mais on ne trouue pas au vray dans les Chroniques, sur lesquelles je me regle, quelle fut la cause de la guerre. Le mesme Henri allant au voyage de Hierusalem auec l'Archeuesque de Mets fut declaré chef des Chrestiens contre le Turc. Et moyennant sa conduite fut prise de force Baruch ville fort opuléte, & les Turcs batus. Et quelque téps apres il se trouua au siege de Constantinoble, les choses heureusement acheuees, il reuint en Brabant auec beaucoup d'honneur. L'an 18 de son gouuernement il eut guerre contre Florent Conte d'Hollande, & Othon de Gueldres, & prit l'vn & l'autre prisonniers en bataille, & encore depuis il prit l'vn & l'autre pour ses gendres.

HENRICVS DVX BRABANTIÆ.

Du siege de la ville du Liege, & de la cruauté des soldats contre les habitans.

CHAP. XXXVII.

LE 28 an de son gouuernement il leua gens à sa solde par tout le Brabant, auec lesquels achemine au Liege, il prit la ville, l'ayant furieusement batue dehors & dedans auec ses engins. La fureur du soldat fit mourir beaucoup de gens. Beaucoup de citoyens non seulement des vieux, mais des enfans mesmes (& j'ay horreur de le dire) furent jettez en la riuiere. Et puis se jettant sur les Eglises, il les pilla, & soulla les autels de sang humain, de sorte qu'il n'y eut place qui ne portat les marques de sa fureur. Tongres fut aussi pillé & bruslé, & tout le païs mis en proye. Mais comme l'armee reuenoit, par vne juste vengeance de Dieu, le bon-heur qui l'auoit accompagnee la laissa. Car comme l'Euesque du Liege auec ses troupes la suiuit en queüe, & qu'il l'eut chargee, il tua deux mille Brabançons, dont la plus part estoyent de Louuain & de Lire; & en amena plusieurs prisonniers. Mesmes Henri Duc de Brabant fut en grand peril, & difficilement il s'eschappa, suiui de peu de compagnie.

De l'autre femme de Henri, & du siege de Bruxelles, par les Contes de Hollande & de Flandres.

CHAP. XXXVIII.

DEPVIS il espousa Marie fille de Philippes Roy de France, à cause que Matilde sa premiere femme tombee en maladie estoit decedee. Et quelque temps apres, comme il sejournoit à Bruxelles, qui est vne ville du Brabant, les Contes de Hollande & de Flandres l'y vindrent assieger auec le Prince Saelberg, frere du Roy d'Angleterre. Ie trouue que le subject de ce siege fut, pour empescher que le Duc ne donnat secours au Roy de France son beaupere, auec lequel ils auoyent guerre. En ce siege il fut bien combatu, mais à la perte des assiegeans, Et Henri ayant pour quelque temps soustenu brauement les ennemis, finalement se changeât tout soudain, il promit au Conte de Flandres, que par apres il n'aide-

roit

roit le Roy de France ni de gens ni d'argent. Ainsi le siege fut leué de deuant Bruxelles.

Du mariage d'Othon quatriesme Empereur de ce nom, & de la guerre denancee au Roy de France, & finalement de la mort de Henri Duc de Brabant.

CHAP.　XXXIX.

L'AN mil deux cents quatorze l'Empereur Otho quatriesme du nom vint à Maſtric ſur la Meuſe, & eſpouſa Marie fille de Henri Duc de Brabant. Et lors le Conte de Flandres declare la guerre au Roy de France, en laquelle le Duc de Brabant luy donna ſecours. De ſorte que marchans auec vne grande armee, ils camperent nõ gueres loing de Tournay. Mais le Roy de France recognoiſſant n'auoir aſſez de forces, on dit que la larme à l'œil il entre dans vne Egliſe, & implora Dieu au ſecours de la juſtice de ſa cauſe. De ſorte qu'aſſeuré il fit tourner la teſte de ſon armee contre ſes ennemis. Et ce fut là qu'il y eut vne grande meſlee, car le ciel eſtoit couuert de fleches qui voloyent, & ſous le bruit des cheuaux & rumeur des armes la terre trembla. Vn nombre innumerable y demeura.

Par tout on ne voyoit que cruelle pitie,
Par tout qu'vne frayeur auec inimitie,
Et par tout ſoubz l'horreur d'un eſtrange carnage
De la hideuſe mort paroiſſoit le viſage.

Les François à la fin furent les maiſtres par leur valeur, ayant pris quatre Ducs des ennemis, entre leſquels le Conte de Flãdres, L'Empereur Othon, & Henri Duc de Brabant, braues Princes, ayãt fait leur deuoir de cõbatre, apres la perte de la plus grãde part de leur armee, trouuerent moyen de ſe ſauuer, & de ſe mettre en ſeureté. Non longuement apres Henri, ayant mis au fil de l'eſpee beaucoup des ennemis de noſtre foy, ſe rendit fort memorable. Et l'an ſuiuant ſurpris de grande maladie, il deceda à Colongne, ayãt tenu ſon duché 48 ans. Son corps fut apporté à Louuain en l'Egliſe ſaint Pierre, où il eſt enterré, ſon tombeau ſe voit eſleué au milieu du cœur.

E 3　　　　　DE

DE HENRI SECOND,
& de ses enfans: & du monastere de Vaule-duc à Louuain,
d'où il fut nommé, & par qui il fut edifié.
CHAP. XL.

HENRI apres la mort de son pere fut Duc de Brabant, le quel fut appellé *le Hardi*, comme je trouue en quelques lieux. De Marie sa femme fille de Philippes Roy desRomains il eut vn fils nómé Henri, & quatre filles. L'aisnee, qui fut Mathilde, espousa le frere du Roy de France. L'autre nommée Marie fut femme du Duc de Beyren. La troisyesme Beatrix fut mariee au Lantgraue de Thuringe, qui est vne dignité entre les Alemands. La derniere, qui fut Marguerite, fut religieuse de saint Bernard *à Vauleduc*, esloigné d'une lieüe de Louuain, & situé en vn lieu fort plaisant. Henri second, dont nous parlons à present, fut celuy qui fit bastir ce monastere, & semble que de ceDuc il prit le nom de *Vauleduc*. Apres le deces de Marie il prit vne autre femme nommee Sophie, venüe de grand lieu; laquelle durant sa vie donna beaucoup aux pauures: D'elle il eut vn fils, qui fut nómé Héri sur les fonts de baptesme.

Des guerres qu'il eut. CHAP. XLI.

CE Prince eut plusieurs guerres, tant sur le Rhein que sur la Meuse. Il assiegea estroitement Cologne, mais il ne la peut prédre. C'est pourquoy ayant beaucoup perdu des siens, il se retira, mais apres auoir bruslé tous les villages qui sót au tour de la ville. Du téps de ce Héri viuoit *Albert le grãd*, & *saint Thomas d'Aquin* de l'Ordre des freres Prescheurs, tous deux grands personnages. Cestuy-ci monstra la Theologie à Paris, & l'autre fit sa residence à Cologne.

Comment il refusa l'Empire de Rome, qui luy fut offert, & de sa mort. CHAP. XLII.

INNOCENT quatriesme Pape de Rome, ayãt priué de l'Empire de RomeFedericsecód, (les vns escriuét que ce fut qu'il redoutoit sa finesse) il manda au Duc de Brabát, qu'il le prioit d'en accepter la charge. Mais Héri cótent de sa fortune l'en remercia, luy recómandát Guillaume Cóte de Hollande, & qui estoit fils de sa sœur. Ceste recómandation fit, qu'apres Henri Lantgraue de Turinge, qui succeda à Federic, le dit Guillaume fut declaré Roy des Romains. De la mort duquel, qui aduint en Phrise, j'ay traité au liure que j'ay fait à part des Contes de Hollande. Ce Henri, dont nous escriuons à present, fut Prince de grand cœur, & mourut le 22 an de son gouuernement. Son corps fut enseueli au Monastere que vulgairement nous appellons *Vileer*.

HENRICVS II. DVX BRAB.

DE HENRI TIERS,

de sa femme, & de ses enfans, & plusieurs autres choses.

CHAP. XLIII.

HENRI tiers, qui succeda à son pere, eut à femme Aleyde fille du Duc de Bourgongne. Dont il eut trois fils, Henri, Iean, & Godefroy; & vne fille nommee Marie; qui espousa depuis Philippe troisyesme de ce nom Roy de France. Ce Prince gouuerna ses subjects fort benignement, car il fut fort humain & fort doux, aussi estoit il nay pour auoir la grace d'un chacun. Il eut la paix tant qu'il vesquit. Mais la mort enuieuse osta ce bon & noble Prince à ses subjects, les ayant gouuernez seulement treize ans. Apres sa mort la Duchesse sa veufue, sous le bas age de ses enfans, les gouuerna fort religieusement. L'un & l'autre est enseueli à Louuain, au conuent des freres Prescheurs, qu'il bastit, & est son tombeau au costé droit du grand Autel.

HENRICVS III. DVX BRAB.

DV GOVVERNEMENT

de Iean, second fils de Henri, & du different qui aduint entre Louuain & Malines.

CHAP. XLIIII.

HVICT ans apres le deces de Henri, les principaux des villes de Brabant donnent la duché à Iean son second fils. Car Henri, qui estoit l'aisnay, pour quelques defauts qu'il auoit de nature, n'estoit propre pour gouuerner. Et de fait ayát suiui le cóseil du Seigneur de Malines, qui estoit homme prudent & Prince, se rendit en vn monastere. De là sourdit vn grand different entre ceux de Louuain & de Malines. Car les habitans de Louuain disoyent, qu'on auoit fait vn grand tort à Henri, lequel encore qu'il fut de soy inhabile de gouuerner, si pouuoit-il le faire par gens sages & aduisez. C'estoit lors l'aduis de ceux de Louuain. Peu à peu l'affaire vint à ce point, qu'ils oserent fermer les portes à Iean, lequel venoit en leur ville auec sa mere Aleyde. Et au mesme instant on dit que ceux de Louuain sortirent, en resolution de mettre tout le terroir de Malines au fer & au feu. Dont le Seigneur du lieu estant aduerti, s'en alla au deuant auec ses troupes, & leur donna bataille. D'une part & d'autre il fut bien combatu, mais à la fin la victoire enclina de la part du plusfort. Et celuy de Malines estant secouru des autres villes finalement mit en fuite ceux de Louuain.

Des femmes & enfans de Iean.

CHAP. XLV.

APRES cela Iean fut receu à Louuain, & eut à femme Marguerite fille de Philippes Roy de France, laquelle il aima vniquement, & qui mourut en trauail d'enfant. Depuis il espousa la fille de Gui Côte de Flandres, dont il eut Iean & Geofroy, lequel mourut jeune. Il eut autant de filles, dont l'vne fut nommee Marguerite & l'autre Marie.

IOANNES HENRICI III. F. DVX BRAB.

De la guerre qu'il eut contre l'Archeuesque de Cologne, & de la victoire qu'il remporta.

CHAP. XLVI.

LE Prince de Limborg estant decedé, la nouuelle en fut aportee à Iean Duc de Brabant, lequel s'y estant acheminé, pour y faire plusieurs choses, (car il auoit acheté ceste terre par bon achat) Raymód Conte de Gueldre l'empescha de main forte, de sorte qu'il ne peut executer ce qu'il auoit projetté. De toutes pars le Conte de Gueldres assembloit gens, pour faire guerre au Duc de Brabant. Entre ses amis & aliez estoit l'Archeuesque de Cologne, Henri Conte de Luxembourg, & Valeran Prince de Valkébourg. Mais tant s'en faut que ceste association debuttast. Iean de son projeÐ, qu'à l'instant & tumultuairemét s'estant jetté au païs de l'Archeuesque, il le pilla, & le courut tout à son aise. Depuis la paix fut faite, mais en vain. Le Duc Iean portoit mal à l'aise, que le Prince de Gueldres eut refusé de se trouuer à Mastric, qui estoit le lieu destiné pour cóferer de la paix. D'ailleurs on luy raportoit, qu'il auoit moyennát grande somme d'argét vendu au Prince de Luxembourg le Conté de Gueldres. C'est pourquoy Iean tout coleré, ayant assemblé ses gens, se jette dans le païs de Valkembourg, pour y assieger L'Archeuesque de Cologne, contre lequel il estoit fort picqué. Mais voyant aprocher l'ennemi, il s'enfuit. Toutefois le Duc l'ayant suiui par bois & par montagnes, il pilla miserablement tout son païs. Quelque temps apres à la priere des habitans de Cologne & du Prince de Iulliers il assiegea le chasteau de VVoronc, ainsi s'apelle il vulgairement. Car en ce chasteau il y auoit vne troupe de meschans garnemens, qui couroit tout le païs, voloit l'argent & la marchandise des marchands, ce qui incommodoit beaucoup les foires d'à l'entour. Or pour chasser le Duc l'Archeuesque de Cologne auoit assemblé vne grande armee, & tire secours de ceux qui luy estoyent ouuertement ennemis. Ceste armee n'estoit loing de la place assiegee, que le Duc de Brabant, qui en est aduerti, va au deuant auec vne grande resolution, & apres auoir harengué

ses

ses gens, & exhorté de faire leur deuoir, il fait sonner les trompettes, & va à la charge. Le soldat qui le suit combat valeureusemét, & la meslee ayant duré jusques au soir, à la fin le Duc de Brabát obtint la victoire. Des Ducs qui accompagnoyent l'Archeuesque y moururent Henri Prince de Luxembourg, trois de ses freres, & l'Archeuesque lequel y demeurá prisonnier, & quasi toute la noblesse. On ne peut scauoir le nombre des morts: Mais il est certain, qu'il en mourut beaucoup plus du costé de l'Archeuesque que du Duc de Brabant. Ceste victoire gaignee, Iean rasa la place assiegee, & la mit à fleur de terre.

De la Iustice qui fut faite d'un nommé Pierre de la Brosse.

CHAP. XLVII.

DEVX ans apres vn nommé Pierre de la Brosse, homme fort riche entre les François, estant deuenu amoureux de la sœur de Iean Duc de Brabant, femme de Philippes tiers Roy de France, & voyant que par les remises qu'elle luy donnoit il n'en pouuoit rien esperer, il l'accusa au Roy, dont il estoit fort bien voulu, & inuenta qu'elle s'estoit forfaite, il fit si bien par ses practiques, que prisonniere par le commandement du Roy elle fut en danger de sa vie. Dequoy Iean aduerti, si tost qu'il ouit ceste piteuse nouuelle, il vint en diligence à Paris, où sa sœur estoit prisonniere. Et apres auoir soigneusement enquis sur le fait, il fait si bien qu'il deliure sa sœur, & fait pendre au gibet Pierre de la Brosse.

Du trespas d'Aleyde femme de Henri tiers.

CHAP. XLVIII.

L'AN de noftre Seigneur Iefus Chrift M.CC.LXXXIII. Aleyde la noble Dame mere de Iean Duc de Brabant & femme de Henri tiers vint à deceder, & fut enfeuelie à Louuain, cóme nous auons dit ailleurs. Cefte dame aima grandement en fa vie, & honora de toutes efpeces de bien vueilláce *Saint Thomas d'Aquin*, qui eftoit de l'ordre des freres Prefcheurs, comme j'ay dit, elle luy refcriuoit fouuent lors qu'il eftoit à Paris, & luy demandoit confeil par fes lettres, comment elle pourroit entre les tempeftes de ce monde acquerir paradis. Par apres Iean Duc de Brabant donna fa fille Marguerite, qui eftoit fort belle Princeffe, à Henri Comte de Luxembourg, & fils de ce Henri, qui mourut en la bataille donnee pres de Verone. Ce jeune Henri, ayant depuis efté Empereur des Romains, paffa en Italie.

Du mariage de la fille du Roy d'Angleterre, & de la mort du Duc Iean.

CHAP. XLIX.

QVELQVE temps apres furent faites les nopces auec grand apareil de la fille du Roy d'Angleterre, aufquelles Iean Duc de Brabant s'eftant acheminé auec vn bon nombre de cheualiers, il fut receu de tous auec vn fingulier contentement. Pendant ce temps, comme l'on a de couftume, lon courut la lance. Mais le Duc s'y rencontrant fut bleffé à mort d'un coup qu'il receut au bras, & duquel il mourut quelque temps apres. Cefte nouuelle arriuee en Brabát, on en demena vn dueil plus grád qu'on ne le pourroit croire. Car il auoit touf-jours efté vn bon, & religieux, & liberal Prince. Só corps aporté à Bruxelles fut enfeueli en l'Eglife des Cordeliers, qui eftoyent fort religieux : car ils ne banquetoyent point, ils ne paillardoyent point, & ne fe mefloyent point d'affaires feculieres.

DE IEAN SECOND

Duc de Brabant, & de son
mariage.

CHAP. L.

LE pere mort, Iean second fut Duc de Brabant, & eut à femme la fille
d'Edoüard Roy d'Angleterre . Elle se nommoit Marguerite, de laquelle il eut vn fils. Ce beau promenoir de Beure, qu'on apelle la Sa-
le, est vn des œuures de ce Prince.

De la guerre qu'eut le Roy de France contre
les Flamens.

CHAP. LI.

DE son temps aduint ceste grande guerre, que Philippe quatrieme
du nom Roy de France fit contre les Flamés. Le subject de la guerre vint, que Guy Conte de Flandres estoit resolu de bailler en mariage sa fille Philippes, que le Roy de France auoit tenue sur les fonds, au fils
d'Edoüard Roy d'Angleterre. Or elle estoit nourrie en France en la court
de son parrain. Donc le Roy de France auec sa femme & ses barons & auec
grandes forces entre dans la Flandre, & y prit beaucoup de villes, & en peu
de jours il se fit seigneur de toute la Flandre. Toutefois il auoit au parauãt
pris prisonniers le Conte Guy & ses deux fils. Il fit gouuerneur de Flandres
Iaques Conte de saint Paul. Le mauuais gouuernemét duquel ne se pouuant plus suporter, premierement ceux de Bruges se rebellerent, & puis
tous les autres apres. Ce Conte de saint Paul estoit venu à Bruges, pour
chastiër quelques vns, qui auoyent grandement failli, selon son aduis,
quand la commune esleuee en armes les tua quasi tous. Le Conte s'eschapa non sans difficulté & auec peu de gens. Qui s'estant plaint au Roy
quelque temps apres de la force & rebellion dont on auoit vsé en son endroit, il fit que le Roy assembla de toutes les parties de son Royaume vne
grande

grande armee,& ordonna le Conte d'Artois son Lieutenant, homme de braue entendement,& renommé pour ses armes. Il vint donc auec toutes ces forces à Courtray,pensant mettre sous sa puissance toutes les villes du païs. Mais comme la fortune change en toutes choses, & mesmes en la guerre, les chefs de l'armee des Flamens ayant encouragé leurs gens de combatre vaillamment pour leurs femmes, pour leurs enfans, & pour leurs biens,les voy-là qui le chargent. Et se fait vn estrage eschec. Les Flamens combatáns pour la liberté, pour les autels, & pour leurs maisons pensent ou qu'il faut mourir,ou qu'il faut vaincre. On leur auoit enchargé,qu'au commencement du combat ils eussent à tuer à coups de piques & de halebardes les cheuaux des François, ce qu'ayant fait dextrement,ils eurent la victoire. Il y eut force de François tuez. Quelques vns ont dit qu'il mourut là quasi toute la noblesse du Royaume. Apres ceste bataille plusieurs places se recouurerent,que le Roy de France auoit prises.

IOANNES II. IOANNIS I. F. DVX BRAB.

Du retour que firent les François en Flandres, & des batailles qui y furent donnees.

CHAP. LII.

PHILIPPES Roy de France reuint incontinent en Flandres auec vne nouuelle armee, là il y eut vne bataille donnee pres de l'Isle, & d'une part & d'autre il y en eut bien de tuez. Apres cela & quasi au mesme lieu le Roy de France fit tenir en armes les Flamens depuis la pointe du jour jusques au soir, pensant que par les grãdes chaleurs de l'esté il les lasseroit, soit par les armes soit par la chaleur. Et ce pendant estans venus à choquer, la meslee fut plus sanglante que ne meritoit le peu de gens qui s'y trouuerent. D'une part & d'autre plusieurs fu·ét tuez, la nuit mit fin au combat. Et les Flamens s'estans retirez, à fin de boire & apaiser la soif qu'ils auoyent de trauail, le Roy ayant commandé que lon demeurat à cheual, tira la nuit quelque nombre de cauallerie, & ayant chargé vne troupe de Flamens il en eut la victoire. Le Conte de Iulliers, que les Flamens auoyent pris pour leur chef, y demeura. Le Roy esleué de ceste victoire assiege l'Isle, & auoit en sa compagnie le Conte Guy de Flandres prisonnier. On ne dit point combien dura le siege, & quels assauts il luy donna. Quelques vns tiennent que la paix fut faite, à condition que le Roy de France tiendroit en sa main la ville de l'Isle & autres places, jusques à ce qu'on auroit arresté de l'argent, que les Flamens luy deuoyent bailler tous les ans. Ainsi le Conte Guy fut mis en liberté, & bien receu des siens: mais la joye n'en dura gueres, car estant bien vieil il vint incontinent à deceder.

Du trouble qui fut entre Malines & Bruxelles.

CHAP. LIII.

DEPVIS Malines fut en plusieurs troubles, pour luy auoir osté la liberté de védre le sel & le poisson. Et pource qu'à la faueur de l'Empereur Henri de Luxembourg ce priuilege auoit esté donné à Anuers, ceux de Malines luy portoyent vne grande haine. Ce qui augmentoit le mal estoit, que ceux d'Anuers auoyent assisté le Duc Iean au siege de Malines, quand elle luy ferma les portes. Donc ce siege dura quelques

semai-

ſemaines, & par occaſion. Ce pendant ceux de Malines eſtant ſortis chargent les habitans d'Anuers, & la fortune leur fut fauorable. Car ils en tuè-
rent vn grand nombre, & ceux qui auoyent fait la ſortie reuindrent, n'a-
yant fait perte que de peu de gens. Continuant donc de ſe rebeller, le Duc
fit defence à peine de la vie de leur porter aucuns viures. Encore ne peut
on les dompter de ceſte façon, & juſques à ce qu'eſtant ſortis hors de Malines, & rencontrez pres Ruplemonde ſur le fleuue de l'Eſcau, ils furent
vaincus. C'eſt lors qu'à belles requeſtes ils s'humilient, & rendent les clefs
au Duc. Lequel les ayant priſes, il rompt vne partie des murs de la ville, &
eſtoit reſolu de la deſmanteler totalement. Mais ayant receu grande ſomme d'argent des habitans il s'en deſiſta. Quaſi au meſme temps vn tumulte auſſi s'eſleua à Bruxelles, mais plus dangereux que celuy de Malines.
Les ouuriers qui beſongnent en fer, en bois, en pierre, les tiſſerans, les cou-
ſturiers, les tauerniers, & toute la racaille de la ville fut tranſportee de
telle folie, qu'elle abatit les maiſons de quelques vns des principaux d'icelle. Beaucoup des plus riches s'en eſtoyent deſ-ja allez. Le Prince eſtonné
de ce remuëment, ſe tenoit à Villenord auec la garniſon, lequel Villeuord
n'eſt eſloigné de Bruxelles que deux lieües. Ceux de Bruxelles vn jour
eſtant ſortis vindrent juſques là, ce que donna ſubject à quelques vns de
penſer, qu'ils venoyent pour demander pardon de leur rebellion, les autres l'interpretoyent autrement, & qu'ils venoyent comme ennemis, car
ils venoyét armez, & les enſeignes deſployees. Le Duc ſorti au deuát d'eux
les charge. Et lors ils fuyent à la ſeule demarche de l'ennemi, & quaſi deuant que le combat fut commencé. Dequoy Bruxelles eſtonnee ſe
rendit.

De la mort du Duc Iean.

CHAP. LIIII.

C E Iean ſecond mourut à Beure, apres auoir gouuerné dix-neuf ans,
& mourut de pierre, qu'il auoit en la veſſie. Il eſt enſeueli à Bruxelles
en l'Egliſe de ſainte Goule vierge. Iamais Prince n'eut tant à contre-cœur
de faire la guerre, mais quand il ne la pouuoit fuïr, il la faiſoit courageu-
ſemen

CHRONIQVES DES
DE IEAN TIERS,
& d'autres choses.
CHAP. LV.

E A N troisyesme succeda à Iean second, & vn bon fils à vn bon pere, lequel n'auoit lors que douze ans. Le commencement de son gouuernement fut fort fascheux, car pour les grandes debtes que son pere & son ayeul & ses deuanciers auoyent faites à cause de leurs guerres, les marchans creanciers estoyent empeschez de trafiquer, ce qui retournoit au dommage du public & du particulier. A la fin l'industrie humaine trouua remede à ce mal, car il se trouua des marchans qui promirent, pourueu que le Duc le voulut, de payer de leurs deniers à chacun des creanciers ce qui leur seroit deu. Ce qu'estant executé, il fut alors loisible à chacun de faire marchandise où bon luy sembleroit, & sans aucune incommodité.

De la pluye de dix mois, & cherté de bled, & de la peste qui suruint, & de la Comete qui parut.
CHAP. LVI.

L'ANNEE d'apres, qui fut l'an de nostre salut m.ccc.xv. le Brabant & les païs voisins furent trauaillez de grands maux. Car apres le premier iour de May il vint des pluyes, qui durerent plus de dix mois. Et de ceste intéperie ni le bled ni les autres choses necessaires aux bestes ne pouuant meurir par les champs, la cherté se mit non en vn seul endroit, mais en plusieurs. Et par succession de temps elle augmenta si bien, que quelques vns ont escrit, que depuis le commencement du monde pareille ne s'estoit veüe. Les pauures aux rues, aux portes des maisons, aux portes des Eglises mouroyent de pauureté. Apres la cherté vint vne peste si grade, que chacun jour on enterroit quasi soixante & dix voire quatre vingts hommes, dont les vns ne duroyent que six jours, les autres trois, les autres deux, & quelques vns mouroyent aussi tost qu'ils estoyent frapez. Le pauure peuple estonné fuyoit aux montagnes, ou dans les bois, & aux lieux inhabitez, ou vagoit dans les champs, autres atachez aux autels dans les Eglises imploroyent la diuine misericorde. Cestuy-ci pleuroit ses enfans, celuy-là son pere mort, l'un sa sœur, & l'autre son frere. On ne pourroit dire la calamité qui fut alors, & les pleurs & les gemissemens qu'on faisoit & de jour & de nuit. Quasi au mesme temps parut au ciel vne horrible Comete, qui jettoit ses rayons auec vne grande lumiere. On croit vulgairement que tels prodiges menacent les grands Princes de mort, ou bien le peuple de guerre ou de pestilence.

IOAN. III. IOANNIS II. F. DVX BRAB.

De la guerre qui se fit au païs de Valkembourg.

CHAP. LVII.

IEAN entreprit la guerre contre Renoud de Valkembourg, pour auoir trauaillé ceux de Maſtric ſur la Meuſe. Et ayant jetté ſon armee dans le païs de Valkembourg, il aſsiegea Sitters ville riche & bien remparee. Tous les gens du païs auoyent là aporté leur argent & leurs biens, comme en vn lieu fort de ſituation, dedans il y auoit vne garniſon & de bós chefs. Par la valeur deſquels Iean ayant eſté repouſſé en vn aſſaut, finalement il reuint en ſon camp. Toutefois à la fin la ville ſe rendit. Et ceux de Harlen à leur exemple ſe ſubmirent au Duc. Cela fait les troupes furent remenees en Brabant. Et quelque temps apres la paix eſtant faite entre Renoud & Iean, elle ne fut de grande duree. Car Renoud ayant encore trauaillé ceux de Maſtric, je trouue qu'apres pluſieurs debats, qui furét entre ces Princes, que Renoud fut priſonnier à Louuain, non toutefois en eſtroite priſon. En ce temps-là veſcut Iean de Mandeuille, homme de grand eſprit & grád Medecin, lequel eſtoit Anglois, & qui ayant quaſi voyagé par tout le monde, a eſcrit en trois langues ſes peregrinations.

De la guerre qui fut entre le Conte de Flandres & le Duc de Brabant.

CHAP. LVIII.

L EVESQVE du Liege auoit vendu à Loys Conte de Fládres tout le droit qu'il pouuoit auoir en la Principauté de Malines. Les habitans ne luy voulant obeïr, & ſur ce ſubjeęt ayant deputé gens vers le Duc de Brabant, qui eſtoit Prince de la ville en partie, Loys ſaiſit tous les biens que ceux de Malines auoyent en Flandres, & declara la guerre à Iean Duc de Brabant, qui faiſoit contenance de les vouloir defendre auec les armes. Quinze autres Princes s'eſtoyent aſſociez au Conte de Flandres, qui entrez au Brabant par diuers endroits, pillerent & bruſlerent tout. L'eſpace de dix mois on ne peut aporter en Brabant aucuns viures, tant l'ennemi tenoit les paſſages ſerrez. Auſsi les Brabançons d'autre part courant & rauageant la Flandre, pillerent eſtrangemét tout le païs, qui eſt entre Aloſt & Terremonde, & emmenerent beufs, cheuaux, & autre beſtiail. Il aduint

par

par apres que cinc cens cheualiers Flamés tous efleus & choifis vindrent en
Brabât pour affieger Bruxelles, comme lon difoit. Dequoy le bruit ayant
couru, vingt & fix gentilf-hommes acompagnez des habitans de Bruxelles
bien armez partent de nuit, & les vont guetter au chemin, où ils deuoyent
paffer. Et fur l'occafion qui fe prefentoit de bien faire, ils chargent l'ennemi. Il y eut vn dur combat, mais les Brabançons eurent la victoire : On
prit cent cinquante prifonniers Flamens, qui furent emmenez vers le Duc
à Bruxelles, qui les enuoya prifonniers partie à Beuures, partie à Louuain,
pour les garder.

Du feu qui aduint à Malines, & de la pefte en plufieurs endroits.

CHAP. LIX.

LE miferable bruflement de Malines aduint pendant le gouuernement de ce Prince, auquel plufieurs hoftels & maifons des plus grâds
furent bruflez, & tout ce que cefte ville auoit de beau & d'excellent à
voir. Depuis en plufieurs lieux fe mit la peftilence, de laquelle plufieurs
milliers d'hommes furent emportez.

Des enfans du Duc Iean, & de fa fille, & finale-ment de fon trefpas.
CHAP. LX.

IEAN eut trois fils, Henri, Geoffroy, & Iean l'aifnay, qui tous moururent fans enfans. Sa fille Ieanne aifnee de toutes fes fœurs, apres que
Guillaume Conte de Hainaut & de Holande fon premier mari fut decedé, efpoufa VVenfelas fils de Iean Roy de Boheme. Le pere auoit negocié
cela, efperant que l'amitie des grands Princes, aufquels VVenfelas eftoit
allié, tiendroit les fiens en vne longue paix. Mais il aduint autrement. Iean
deceda incontinent apres le quarante-troifyefme an de fon gouuernemét,
& de la natiuité de noftre Seigneur Iefu Chrift M.CCC.LV. aux feries deuant
faint Nicolas. La nobleffe fort trifte le conduit auecque grands pleurs, &
enfeuelit fon corps en l'Abaye, qu'en noftre langue nous apellons *Vileer*.
Et certes elle auoit fait perte d'un Prince fort modefte, & bon jufticier, &
propre à gouuerner vn eftat.

D V

DV DVC VVENSELAS,
& du remuëment qui aduint à Louuain.
CHAP. LXI.

APRES le deces de son beau pere Vencelas fut Duc de Brabant, & durant son gouuernement Louuain par deux fois fut en trouble. La premiere, pource que le Bourg-maistre de la ville auoit fait mettre prisonnier vn homme, que le Senat auoit jugé innocét, cestuy-là estoit vn pescheur. Lequel vne journee menant quantité de poisson par charroy, sa charrette demeura embourbee non gueres loing de Louuain, & ne la peut retirer. C'est pourquoy ayant veu quelques cheuaux qui paissoyent, il en prit vn, dont il s'aida, & l'atella auec le sien pour retirer sa charrette, & en vint à bout. Apres il le desatelle, & le remene à sa pasture. Mais entrant à Louuain le Marcgraue le fait prendre, & constituer prisonnier. On luy dit qu'il auoit derobé le cheual. De cest emprisonnement sourdit beaucoup de mal. Vne partie des habitans aprouuant ce qu'auoit fait le Marcgraue, lequel se nommoit Pierre Cottereau, entrant d'impetuosité en la maison de la ville, prindrent les principaux du Senat, & les emprisonnerent en vne tour, qui se voit sur les murs de la ville au plus haut endroit. De là ayát creé des Magistrats populaires, le dit Pierre Cottereau fit tout ce que bon luy sembla. Ce tumulte dura plus de deux ans, & jusques à ce que la paix faite, on remit au gouuernemét de la ville ceux qu'on auoit emprisonnez, & qui estoyent demeurez jusques en ce temps-là en leur prison. On paya beaucoup de deniers au Duc, lequel par plusieurs fois auoit esté moyennát de l'argent corrompu par le dit Cottereau. Quelques vns disent, que d'une partie de ces deniers il fit bastir le chasteau de Villeuord, qui d'assiette & structure est maintenant vne belle forteresse. Quant à l'autre trouble, qui aduint à Malines, nous en parlerons en son lieu.

De la guerre qui fut faite contre ceux de Iulliers, & la prison
de Vencelas. CHAP. LXII.

PAR apres Vencelas fit guerre auec Guillaume Marquis de Iulliers, pour auoir volé quelque argent à des marchans de Brabant, qui passoyent par là. Les deux armees s'estát entrechoquees, il y eut vn rude combat. Au commencement duquel le Prince de Gueldres percé d'une fleche, fut tiré de la bataille, & emporté mort. Les Brabançons victorieux voyant l'ennemi en fuite, & ne craignant plus rien, se mettent à boire & à máger & refaire leurs corps, & peu apres à dormir: Mais dormant d'un profond sommeil, l'ennemi les ayant chargez, il en tue vn fort grand nombre. Vencelas apres s'estre vailláment defendu, est à la fin pris prisonnier auecque beaucoup des plus gráds. Le bruit en alla jusques à la Duchesse sa femme, qui en eut vn dueil incroyable; cóme aussi Charles quatriesme du nom Empereur de Rome son frere, c'est pourquoy ayant assemblé les premiers de l'empire, il mit en auant de confisquer par sentence juridique les biens du Marquis de Gueldres, qui tenoit son frere prisonnier. Dequoy le Marquis ayant peur, le remit en liberté, & retint les Barons prisonniers. Et pour les racheter, le Duc demanda de grands deniers à ses subjects, lesquels obtenus, & composé toutes choses, il demeura quelque espace de temps en paix.

WENCESLAVS ET IOANNA IOANNIS III. F.ᵃ

H

Comme Charles de Boheme Empereur vint en Brabant.

CHAP. LXIII.

CE pendant Vencelas receut auecque grand'joye & bienvueilláce son frere Charlesde Boheme Empereur,qui le vint visiter en Brabant, & luy fit des disners & des banquets fort magnifiques : n'ayant espargné aucune chose de recreation,pour luy faire plus d'honneur. Et comme quelques jours apres l'Empereur tirant en France,il le conduit jusques là. Puis prit congé de luy,& apres luy auoir desiré toute prosperité, il s'en reuint à Bruxelles.

De l'autre trouble,qui fut entre les citoyens de Louuain.

CHAP. LXIIII.

LE leuement des deniers,dõt j'ay parlé ci deuant, fut cause d'un nouueau trouble dans Louuain. Car le peuple se bandant contre les grands de la ville,changea & altera la façon de gouuerner, creant des Magistrats de son corps. Auquel estat s'estant maintenu l'espace de trois ans,finalement le chef de ceste esmotion fut tué à Bruxelles, comme il fut venu en l'assemblee que pour ce subject le Prince y tenoit. Celuy qui le tua fut Ieã Caister gétil-homme, qui s'en estoit fui de Louuain par crainte du populaire.Lequel irrité de la mort de son chef,vint en court, lon dit qu'il y en eut seize des principaux d'eux, que lon jetta par les fenestres, & que ceux qui estoyent dehors,les receurent auec les halebardes, & les tuerent,le reste sans pardon,sans pitie,sans respect fut mis à mort:Venselas faché de ceste cruauté,aprocha son armee de Louuain,à fin que la ville prise, les chefs de la sedition fussent punis. Or sept semaines apres estant auec peu de train entré dans la ville, qu'il n'auoit peu prendre, il bánit les chefs de la seditiõ. Vn entre autres fort renommé,qui fut Ieã Suarters,qui auoit excité le peuple, eut la teste tranchee.

De

De la mort de Vencelas, & comme à sa naissance il fallut couper le ventre de sa mere.

CHAP. LXV.

DE là le Duc estant retourné à Bruxelles, apres s'estre quelque temps donné plaisir à voir des jeux, à courre la lance, à chasser, & à joüer à la paume, où lon dit qu'il estoit maistre, & à se dóner du passe-téps, il s'achemine à Luxemburg, où quelque temps apres il decede: Il est enterré au monastère d'Oryual, lequel auoit esté par luy au par auant basti, & qu'il dota de rentes annuelles. Ie trouue qu'à sa naissance il fallut couper le ventre de sa mere, laquelle ne receut de cela aucune incommodité.

Du dueil qu'en mena la Duchesse sa femme, & de la guerre qu'elle fit au Duc de Gueldres apres la mort de son mari.

CHAP. LXVI.

LA Duchesse Ieanne estant à Bruxelles, on luy porta la nouuelle de la mort de son mari Vencelas : Et comme elle l'auoit fort aimé en sa vie, aussi long temps le pleura elle apres sa mort : Et si elle n'eut veu que le pais auoit à faire d'elle & de son entremise, la douleur eut plus long temps duré, veu la playe. Donc ayant pris le manimét des affaires, elle fit beaucoup de choses & prudemment & vertueusement. Elle fit fort & ferme la guerre au Prince de Gueldres, apres qu'il la luy eut declaree, que n'osant pas contre elle rien hazarder, elle resta victorieuse. Le pretexte de ceste guerre fut, que le Mayeur de Bosleduc auoit fait couper la teste à vn de la maison du Duc de Gueldre, ataint & conuaincu de parricide. Ceste femme vraymentment excellente mourut l'an du salut du monde M.CCCC.VI.

H 2　　　D'AN-

D'ANTOINE FILS DE

Philippes le hardi Duc de Bourgongne, & côme le fils du Duc de Bourgongne paruint à la Principauté de Brabant.
CHAP. LXVII.

VOYONS maintenant par quel moyen Antoine vint à la principauté de Brabant, laquelle il gouuerna apres la mort de Ieanne. Donc Ieanne fille de Iean troisyefme Duc de Brabant, & femme du Duc VVencelas, eut Marguerite pour fa fœur, laquelle mariee au Conte de Flandres Loys, luy fit vne fille qui porta fon nom. Cefte fille ayant efté vne fois mariee au par auant, eft donnee pour femme à Philippes le Hardi Duc de Bourgongne, fils de Iean Roy de France furnommé le bon. De cefte femme Philippes eut Iean, Antoine, & Philippes. A Iean l'aifnay il laiffa le Duché de Bourgongne; Antoine, qui eftoit entre Iean & Philippes, fut par l'entremife de fon pere fait Duc de Brabât, apres la mort de Ieanne fa grande tante, qui eftoit morte fans enfans.

De ce que fit Antoine au commencement de fon gouuernement.
CHAP. LXVIII.

ANTOINE fils de Philippes Duc de Bourgôgne foit du cofté paternel ou maternel eftoit iffu de Rois. Dès qu'il fut Duc de Brabât, il fe monftra fort feuere puniffeur des mefchans, principalement des parricides, & de ceux qui opprimoyent les pauures. Les affaires de Brabant fous ce Prince, tant amateur de iuftice, eftoyét belles & en bon eftat, auffi la iuftice oftee, il n'y a plus de focieté entre les hommes.

De fon mariage, & de fes enfans.
CHAP. LXIX.

IL prit à femme Ieanne de faint Pol, en laquelle la beauté, la nobleffe, & la probité egalement debatoyent à qui auroit plus de part en elle. Il eut d'elle Iean & Philippes fes enfans, & vne fille qui deceda ieune. Le premier an de fon gouuernemét fa femme deceda de maladie, laquelle ayant aimé vniquement & conftamment de fon viuât, auffi apres fa mort il la fit enfeuelir fort honorablemét. Son corps fut aporté à Beure, & là enfeueli.

ANTONIVS BRABANTIÆ DVX.

De deux grands & insignes Theologiens.

CHAP. LXX.

EN ce temps-là furent fort renommez deux insignes Theologiens de Paris, *M. Pierre de Aliaco*, depuis fait Euesque de Cambray & Cardinal : & l'autre *M. Iean Gerson*, Chancelier de l'Vniuersité de Paris. Les escrits de l'vn & de l'autre religieusement & vtilement publiez sont venus jusques à la posterité. Enuiron ce temps aparut vne estoille cheuelüe, d'une grandeur inacoustumee. Et ce prodige signifia la mort de Loys Duc d'Orleans, & la guerre du Liege, & les autres mal-heurs qui aduindrent tost apres.

Du trouble qui auint au Liege.

CHAP. LXXI.

DEPVIS ce temps le païs du Liege encourut de grands troubles, à cause de l'election de deux Euesques. Mastric, où residoit l'un des deux esleus, fut par deux fois assiegé, le dernier siege dura seize sémaines. Et quelque temps apres Iean de Beyer esleu, qui residoit à Mastric, estant aidé de plusieurs grands Princes alla contre les Liegeois, & les batit en vne grande bataille, qui se donna, où il demeura quarente mille hommes, entre autres Theodoric Peruues, Lequel(apres auoir chassé l'autre)ils s'efforçoyent de faire Euesque. Iean de Beyers vainqueur, entre au Liege, & fait justice de ceux qui auoyent fauorisé sa partie aduerse.

De son mariage, & de ceque luy aporta sa femme.

CHAP. LXXII.

ANTOINE par apres espousa Elizabeth, qui estoit fort belle. Les nopces furent faites à Bruxelles, en la maison du Duc auec vne magnificence royale. Sa femme luy ayant aporté le Duché de Luxembourg, Antoine se mit dedans auec vne grande armee, & contraignit en bref de luy obeir tous ceux qui en failoyent refus, partie abatant leurs

cha-

chaſteaux à coups d'artillerie,partie les prenát de viue force,ou bien y mettant le feu. Auſsi qu'il mit au fil de l'eſpee beaucoup de chefs du parti contraire.

Des grandes parties qu'il auoit au fait de la guerre, & de Sigiſmond Roy des Romains.

CHAP. LXXIII.

CE S T Antoine fut hôme Valeureux & braue, nul le ſecondoit à encourager les ſoldats au combat ; & jamais le nombre de ſes ennemis ne l'eſpouuanta. A la charge touſ-jours le premier, & fort doux aux vaincus,s'ils requeroyent pardon. Et bref en toutes choſes fort habile, & indefatigable au trauail. Apres auoir ſoubmis ceux de Luxébourg, il s'en alla à Aix la Chapelle auec dix mille cheuaux. Or Sigiſmond ayant ſelon la couſtume eſté couronné Roy des Romains, demeura quelque temps attendant la venue d'Antoiné Duc de Brabant. Mais ne venant point, car quelques vns l'en-deſtournoyent,il vint d'Aix à Colongne. On dit de ce Prince vne choſe digne de memoire,qu'eſtant deſireux de ſcauoir là lágue Latine,ſouuent il blaſmoit & grandement les Princes d'Alemagne de haïr la langue Latine,& qu'ils preferoyent à icelle la langue Françoiſe, ou bien les autres langues vulgaires.

De la mort d'Antoine Duc de Brabant.

CHAP. LXXIIII.

L'A N de la natiuité de noſtre Seigneur Ieſu Chriſt m.cccc.xv.les Anglois pretendans quelque ſubject de guerre contre les Fráçois, eſtant ſortis auec de grandes troupes ſe campent pres la ville de Terouane. Et quelque temps apres ils ſe chargent pres de Blangi, qui eſt vn petit bourg non beaucoup eſloigné de la dite ville. D'une part & d'autre le combat fut ſanglát,mais plus de la part des François que des Anglois. En ceſte meſlee mourut Antoine Duc de Brabant venu au ſecours des François auec pluſieurs braues & vaillans cheualiers, & ceux qui s'eſtoyent rendus, furent cruellement maſſacrez. Le corps d'Antoine trois jours apres la bataille fut trouué entre les morts & enleué. Il fut fort honorablement receu par l'Eueſque de Tournay, & de là porté à Bruxelles, où il repoſa quelque temps en l'Egliſe de ſainte Goule. Et apres ſes obſeques faites ſelon la couſtume il fut porté à Beure,non ſans vn extreme regret de toute ſa court & de tout le pais, où il eſt enſeueli pres ſa premiere femme Ieanne de ſaint Pol,dont nous auons parlé ailleurs.

D V

DV PRINCE IEAN

Duc de Brabant, & de son mariage.

CHAP. LXXV.

NTOINE laissa deux enfans, Iean l'aisnay, n'ayant que 13.ans, eut le Duché de Brabant. Estant paruenu à dix-sept ans il prit à femme Iaquette fille de Guillaume de Beyers, Conte de Hainaut & de Hollande. Ils furent quelque temps en bon menage, mais depuis il y eut du diuorce, dont la cause fut, que les principaux, qui gouuernoyent son mari encore jeune, le gouuernant à leur fantasie, & changeant tout, ils osterent à la Duchesse ses seruiteurs & seruantes domestiques, auec les quels elle auoit tous-jours vescu, & luy en donnerent d'autres. Ce qu'elle porta si impatiemmét, que du viuát de son mari passant en Angleterre elle espousa le Duc de Cloçestre, frere du Roy d'Angleterre.

De l'arriuee du Duc de Cloçestre en Hainaut, & de son armee.

CHAP. LXXVI.

DE là vindrent tant de troubles & tant de batailles, qui eurent de diuers succes & euenemens. Le Duc de Cloçestre ayant leué vne grãde armee en Angleterre, vint à Calets auec sa femme. De là il marche droit en Hainaut, pour s'en inuestir sous le nom d'elle. Et des-ja il estoit maistre de plusieurs places, quand Iean Duc de Brabant craignant que par mesme desastre il ne perdit la Hollande & la Zelande, ayant imploré le secours de tous les Princes ses voisins & amis, il laissa pour commander en Brabãt Philippes son frere, qui estoit homme habile, & inuincible au trauail. Et quant à luy, estant passé en Hollãde, & en Phrise, & en Zelande, il est receu auec tant de bienvueillance, que cela luy aporta soulagement à tant de maux, dont il estoit trauaillé.

IOANNES IIII. ANT. F. BRAB. DVX.

Des courſes de l'ennemi dans le Brabant.

CHAP. LXXVII.

LE Duc de Cloceſtre ſcachant que les villes de Holande & de Phriſe auoyent recogneu le Duc de Brabant, incontinent il y enuoya ſes troupes, lesquelles ſ'eſpandant par le Brabant, firent vne infinité de cruautez aux pauures paiſans. Les Egliſes furent pillees, & le couſteau ne pardonna à aucun ſexe, les filles meſmes furent violees. De quoy eſtant aduertis ceux qui gouuernoyent en Brabant, pour faire retirer l'ennemi, ils enuoyent à Niuelle par la permiſſion du Duc le Prince VVeſmail & Iean Glimes, qui defendant valeureuſement la frontiere de Brabant, eurent force petites rencontres auec l'ennemi.

De la victoire acquiſe à Brenne le Conte contre le Duc de Cloceſtre.

CHAP. LXXVIII.

LE Duc de Cloceſtre auoit mis garniſon dans Brenne le Conte, car ainſi ſe nomme vne petite villette qui eſt en Brabant, à fin que courant ça & là, elle trauaillaſt par le fer & le feu les Brabançons. Ce fut pourquoy le Prince VVeſmail & autres auec leurs troupes la voulurent aſſieger, & ſ'aprocherent murailles d'icelle. Ce que voyant les Anglois, qui eſtoyent en garniſon, ſortent tous dehors. Les Brabançons dès le commencement du combat font ſemblant de fuïr, & tirent apres eux les Anglois, qui eſloignez du lieu de leur garniſon, ſont incontinét entourez de l'ennemi, qui fait teſte. Et ce combat fut plus furieux que tous les autres : Car beaucoup d'Anglois y furent tuez, beaucoup grieuement bleſſez, & beaucoup de pris. Le reſte à grande haſte ſe retira dedans la ville.

Comme

Comme Brenne fut assiegé & rendue.

CHAP. LXXIX.

INCONTINENT apres tout le Brabant fut en armes contre les Anglois. Ceux de Maſtric, & Philippes Duc de Bourgongne, qui eſtoit neueu du Duc Iean de Brabant, & ceux de Tournay luy enuoyerét du ſecours. Les monſtres de l'armee eſtant faites, on y trouua ſoixante mille hommes, ſans le ſecours de Bourgongne & de Tournay. Auecque ceſte armee Philippes frere du Duc de Brabant, homme braue à la guerre, aſsiege Braine, apres auoir bruſlé & deſtruit tous les enuirons de la ville. Le ſiege auoit deſ-ja beaucoup duré, quand il ſe reſolut de les aſsaillir de plus pres, bien que la ville fut forte d'aſsiette & de munitions de guerre. Mais les Anglois ſe defendant valeureuſemét, pluſieurs des noſtres y demeureı ét & furent precipitez du haut à bas des murailles. La nuit ſepara le combat. Le lendemain ceux de dedans voulurent parler de ceſſation d'armes, mais en vain, pource que les Brabançons vouloyent auoir leur reuâche. Et l'aſſaut s'en alloit donner plus fort que deuant, quand ils poſerent les armes & ſe rendirent. Philippes fit bruſler la ville, apres s'eſtre renduë. Et quand à ceux de Brenne, qui s'eſtoyent rendus au Duc de Cloceſtre, les vns furent pendus & les autres decapitez.

Comme le Duc de Cloceſtre fut chaſſé de Hainaut.

CHAP. LXXX.

LE bruit de la priſe de Brenne ayant eſpouuanté ceux de Hainaut, il y eut quelques villes qui changeant de parti chaſſerent le Duc de Cloceſtre. Ce qui fut cauſe que le Duc de Brabant les receut en ſa grace. Or Philippes apres la priſe de Brennes s'en va en Hainaut, pour recouurer le reſte des villes, mais les grandes neiges & les pluyes luy firent faire alte ſur le chemin. Ce pédant il vint vn Heraut de la part du Duc de Cloceſtre, pour declarer que ſon maiſtre ſeroit incontinent ſur le lieu pour combatre l'Philippes. Mais apres l'auoir atendu quatre jours entiers, il n'y vint point. Et quelque temps apres cóme le Brabanſon ſe retiroit, vne troupe

d’Anglois l’ayant suiui le pésoyent charger à l’impourueu. Mais il n’y eut
aucun combat, car les Anglois s’en fuirent, quand ils virent que chacun
estoit si bien apareillé de les receuoir.

Comme Iaqueline fut menee de Hainaut à Gand.

CHAP. LXXXI.

L’AN de l’incarnation de nostre Seigneur M.CCCC.XXV. Iean Duc de
Brabant afsiegea Bergues en Hainaut, où lors Iaqueline se tenoit a-
uec ceux de la maison. Comme le siege y estoit encore, Philippes
Duc de Bourgongne vint à Doüay, où ayant parlé auec le Duc Iean, il luy
conseilla que Iaqueline cause de ceste guerre fut enuoyee en Bourgongne,
jusques à ce que le Pape par sa sentence ordonneroit qu’elle retournat vers
son mari. Ceste femme se douta bien que les Princes tenoyét conseil pour
la surprendre. C’est pourquoy estant venue en l’armee du Duc son mari,
elle prie Enguerrant de Nassau les larmes aux yeux de faire enuers le Duc
son mari, qu’il luy fut loisible demeurer en Brabant en quelque ville ou
bien en quelque chasteau. Mais elle ne peut obtenir cela. Estant menee à
Gand, & le Duc entré dans Valenciennes, il est receu auec beaucoup de de-
uoirs & d’amitiez de tous les habitans. Par apres il enuoye à Bergues en
Hainaut deux de ses principaux Conseilliers, pour receuoir en son nom
les clefs de la ville & les habitans en son obeïssance.

De la bataille memorable, qui se donna en Zelande, & d’autres choses aussi.

CHAP. LXXXII.

AV mesme an & au mois de Iulliet le bruit courut que le Conte de
Clocestre auoit eu promesse des Anglois pour remettre sus vne armee de la somme de huit fois cent mille escus & de vingt mille
hommes de gens de pied bien armez. On disoit que le Roy d’Escosse luy a-
uoit promis secours, c’est pourquoy le Duc de Brabant laissant toutes autres choses, mit bonnes garnisons és villes de Hainaut, & escriuit lettres au
Duc

Duc de Bourgongne fon coufin, par les quelles il l'aduertiſſoit, que le Duc de Cloceſtre reuenoit pour faire la guerre. Le Duc de Bourgongne luy efcriuit, qu'il fe trouueroit preſt auec bonne armee, pour le fecourir, ſi l'Anglois entreprenoit rien. Or Iean fe voyant empefché à gouuerner tãt de Prouinces, il fit gouuerneur de Hainaut & de Zeláde le Duc de Bourgongne. Et ce pendant Iaqueline fe retira de Gand en cachette, & s'en vint en Holande, où apres auoir facilement reduit à fon parti quelques villes & aufſi quelques vns des principaux du païs, le Duc de Cloceſtre enuoya quelques vaiſſeaux d'Angleterre en Holande fous la conduite d'un Prince, nommé Siluatier, à fin que Iaquette & fes adherés s'en peuſſent preualoir de s'en defendre. Et quelque temps apres Philippes Duc de Bourgongne, que Iean auoit fait gouuerneur de Holláde, ayant entédu la defcente des nauires Anglois en Zelande, pour la reduire en leur obeiſſance, il y acourut fans s'arreſter ni de nuit ni de jour auec vne grande armee. Auec leurs forces ces deux chefs entrent en combat, qui fut douteux au commencement, mais à la fin le Duc de Bourgongne eut la victoire, y ayant eu trois mille Anglois tuez choiſis entre tous. Ceſte bataille memorable fut donnee l'an M.CCCC.XXV. en vn lieu que nous nómons en noſtre langue **Brouwers-hauen**. Quelque temps apres au Confiſtoire du Pape il fut declaré par les Cardinaux, que fans juſte fubieċt Iaqueline s'eſtoit feparee de Iean Duc de Brabát. Dequoy le Duc de Cloceſtre aduerti efpoufa vne autre femme. Mais Iean ne voulut receuoir Iaqueline, ains fut aduifé par les principaux du païs, que pour le bien & la tranquilité publique elle feroit gardee chez le Duc de Sauoye fon coufin juſques à certain temps.

Comme l'Vniuerſité de Louuain fut eſtablie.

CHAP. LXXXIII.

IEAN eſtant efchapé de tãt de guerres, pour-ce qu'il eſtoit fort religieux & amateur de bónes lettres, apres auoir fait venir de toute partz des hómes excellens en fcauoir, il inſtitua l'Vniuerſité de Louuain. Quelques vns efcriuét, qu'il y fut induit à la priere des principaux de la ville, de peur que la ville, qui auoit esté quelque téps en trouble, estant ses citoyens & artisans fort diminuez, à la fin ne se fit deserte. On eut de Martin cinquiesme, qui lors estoit Pape de Rome, les priuileges, dont elle a joüi jusques à present. Au commencement de l'establissement de ceste Vniuersité il estoit loisible d'y enseigner toutes sortes de disciplines, fors la Theologie, mais depuis il fut permis aux Theologiens d'y lire publiquement. Les lecteurs publiques commencerent le premier jour de Septembre, ou bien comme veulent quelques vns la veille de la Natiuité nostre Dame, l'an de l'incarnation de nostre Seigneur M.CCCC.XXVI.

Les grandes dommages que Iaqueline fit en Holande.

CHAP. LXXXIIII.

BIEN souuent vn feu esteint vn autre se rallume. Iaqueline se tenoit en Holande en vne ville nommee Schoonhoue, & par artifice ayant gaigné ceux de Goudan, elle trauailloit fort auec des troupes qu'elle auoit les villes qui luy estoyent contraires. Le Prince de Seuenbergue s'estoit joint auec elle, qui couroit & la terre & la mer de Holande. Ce qu'ayant entendu le Duc de Bourgongne, il y mena ses troupes, & assiegea estroitement Seuenbergue, & ce pendant il promit au Prince, que s'il vouloit s'accorder, il luy donneroit vne bonne somme d'argent. Mais refusant opiniastrement de ce faire, & des-ja le Duc de Bourgongne aprochant la ville de plus pres, à la fin elle se rendit à luy, & le Prince de Seuenbergue, voyant la ville rendue contre sa volonté, s'en fuit & se retira.

De la maladie de Iean & de sa mort,
& du deluge.

CHAP. LXXXV.

APRES cela il se fit vne assemblee à Lyre, petite ville de Brabāt, des Princes du païs, laquelle paracheuee le Duc Iean & son frere Conte de saint Paul s'acheminent à Bruxelles, enuiron le jour de deuant le dimanche des Rameaux. Mais auant d'y arriuer le Duc escheut

cheut malade d'une grande maladie. Vn jour au par auãt qu'il vint à Bruxelles, il enuoya querir son confesseur, & ne fit autre confession sinon vne
generale de toutes les fautes qu'il auoit commises en sa vie, & apres auoir
receu nostre Seigneur auec la reuerence qu'il apartient, il mourut en peu
de jours, & deuant la feste de Pasques, l'an de la natiuité de Iesu Christ
M.CCCC.XXVI. le 24 an de son age. Son sepulchre se voit à Beure en l'Eglise
de saint Iean l'Euangeliste deuant le maistre autel. Iean Duc de Brabant
estoit en son aduersité d'un courage fort & resolu, & amateur de justice.
Nul ne le surpassoit en deuotion ni en l'amour de Dieu, nul plus affable
ni plus clement que luy. Il estoit si liberal enuers les pauures, qu'ils l'apel-
loyent tous d'une mesme voix le pere des pauures. Pendant le gouuernement de Iean, & enuiron l'an de salut M.CCCC.XXI. en la nuit qui preceda
la feste sainte Elizabeth, la force & violence de la mer ayát rompu en Holláde les diques, soixáte & deux villages furent tous submergez. Et en Phrise & en Zelande beaucoup de maisons & de metairies. Il mourut aussi vn
nombre infini de personnes. C'estoit en vain que les vns gaignoyét le plus
haut des champs, les autres les plus hautes tours & les festes des maisons.

En fin lon voit venir ce grand flus escumant,
Qui va de plus en plus ses forces animant,
Et comme il a trouué la digue qui le serre,
De despit qu'il en a il la jette par terre,
Il passe par dessus bouillant & furieux,
Et grondant en ses flots il s'espand en tous lieux,
Il remplit tous les champs, & ses eaux enragees
Entrainent pardessus les plaines fourragees
Estables & troupeaux.

DE

DE PHILIPPES PREMIER
du nom Duc de Brabant.
CHAP. LXXXVI.

E A N estant decedé, son frere Philippes fut Duc de Brabāt. Mais au par auant ayant desiré de voir Hierusalem & le sepulchre de nostre Seigneur, il s'achemina à Rome, à fin qu'ayant obtenu cógé du Pape, il executast ce qu'il auoit proposé. Le Pape scachant les difficultez des chemins, car la guerre estoit ouuerte entre le Roy de Cypre & le Turc, ne luy voulut permettre d'y aller. Mais l'ayant retenu pour quelque temps pres sa personne, il le traita tres-honestement.

De l'assemblee faite à Viluord, & d'autres choses.
CHAP. LXXXVII.

LE Duc estant reuenu d'Italie, il cóuoqua vne celebre assemblee à Viluord, en laquelle auecque vne grande prudence, & pour le bien de ses subjects, il suada de retracter quelques ordōnáces faites par ses deuáciers. Et prit pour son Cháncelier Iean Bout, qui estoit hóme graue & prudent, & fort experimenté. Apres cela il voulut rentrer en plusieurs villages & chasteaux de son domaine, qui pour la faute de ses predecesseurs estoyét tombez ès mains des particuliers. Et pour ce faire toutes les villes luy fournirent certaine somme d'argent. Or Iean Bout estant encore viuant, mais comme je croy estant vieil, & ayant besoin de repos, le Prince estát à Louuain & en la maison de ville, en la presence des principaux des villes, luy donna pour successeur Iean Gillain, nay du païs de Brabant, & qui parauát auoit esté Chancelier au Liege. Par la sagesse & le soin de cest homme vne paix tres-asseuree fut faite entre Philippes & l'Euesque du Liege.

De la guerre du Liege contre ceux de Namur.
CHAP. LXXXVIII.

ENVIRON ce temps ceux de Namur furent induits à la guerre par ceux du Liege. Lesquels ayant jetté leurs armees au territoire de Namur, auoyét pris plusieurs chasteaux, & apres les auoir pris les auoyent rasez, à cause qu'on leur auoit osté quelques villages. Et incontinent

PHILIPPVS ANT. F. DVX BRAB.

nent apres Bouuines fut eftroitemét afsiegee & batue. De quoy Philippes Duc deBourgongne aduerti,qui en eftoitle plusproche heritier,il y enuoya des troupes,qui de Namur côme d’un fort chafteau couroyét tout le païs du Liege,& qui le trauaillerét grandemét. Voy-là côme les chofes alloyent en ce quartier-là, pendant que Philippes Duc de Brabant inuitoit fes voifins à traiter vne bonne paix, & tantoft leur efcriuoit, tantoft leur enuoyoit des Ambaffades. Mais il ne peut rien obtenir, finon vne treue de quelques mois.Encore penfoit il à la fin les faire condefcendre à la paix.

De la femme que Philippes deuoit efpoufer, & de fa mort. CHAP. LXXXIX.

PAR apres le Duc enuoya des Principaux de fon Confeil Angilbert Edingen & Bout auec trois cens cheuaux, pour amener en Brabant la fille du Roy Loys de Sicile, qu’il auoit fiancee. Elle fe nommoit Iolante.Elle deuoit venir à Rheims, pour eftre mife ès mains de ceux que le Duc auoit enuoyez,& eftre conduite en Brabant. Mais ce pendant Philippes eftant ataint d’une griefue maladie mourut à Louuain, apres auoir gouuerné trois ans & autant de mois.Durát fon gouuernemét la terre tré-bla fi horriblement en plufieurs lieux, qu’il n’eftoit memoire d’auoir veu pareil tremblement. En Cathalogne vingt villes furent renuerfees de ce tremblement.

Comme le Duché de Brabãt aduint à PHILIPPES DE BOVRGONGNE, *& de fa femme,& de fes enfans.*　CHAP. X C.

LES enfans d’Antoine eftant tous morts fans hoirs de leurs corps, le droit du Duché de Brabant s’en alla à Philippes fils de Iean de Bour-gongne.Car Iean Duc de Brabant auoit fous cefte conditió cedé fon droit à Antoine fon jeune frere, que fi le dit Antoine ou fes enfans dece-doyét fans hoirs legitimes de leurs corps,le Duché retournaft au plus pro-che de fa famille. Donc Philippes fils de Iean de Bourgongne au commen-cement de fon gouuernement vefcut fi modeftemét,qu’il eftoit aimé d’un chacun,& pareillement honoré. Par le deces de fon pere luy eftoit efcheu la Bourgongne,la Lorraine,le Brabant,Limbourg,Flandres, Arthois, Hai-naut,Holande, Zelande, Phrife, toutes lefquelles Prouinces il gouuerna fort fagement,& efpoufa trois femmes,l’une Michelle, fille de Charles fix-yefme Roy de France, ou comme veulent les autres de Charles feptiefmé, de la quelle il n’eut point d’enfans,combien qu’il le defiroit fort. Celle-là eftant decedee fut enterree à Gand en l’abaye de faint Bauo. Par apres il ef-poufa Laude,qui eftoit belle & de bonne maifon,& comme l’autre elle ne luy fit aucun enfant.La derniere fut Ifabel,fille du Roy de Portugal, de la quelle il eut Antoine & Ioffe,qui moururent enfans,à la fin il eut Charles, qui fucceda en l’eftat de fon pere,& duquel il fera parlé en fon lieu.

PHILIPPVS II. BONVS COGNOM.

De la mort de Iean Duc de Bourgongne pere de Philippes, & de la guerre que Philippes fit en France, & du Roy d'Angleterre.

CHAP. XCI.

PHILIPPES n'eſtoit pas encores Duc de Brabant, qu'il eut guerre aux François, pour venger la mort de ſon pere. Quelques vns ont eſcrit qu'il auoit eſté tué à Montereau faut yone. Qui eſtoit vn lieu où les Princes ſe deuoyent trouuer. Robert Gaguin, qui a eſcrit l'Hiſtoire des François, dit que le Dauphin, qui depuis fut Roy & nommé Charles ſeptyeſme, fut autheur de ce meurtre. *Se trouuant (dit il) en l'aſſemblee, & d'une part & d'autre refraichiſſant beaucoup de torts faits par le paſſé, incontinent quelqu'vn de la ſuite du Daufin s'eſtant coleré tire ſon eſpee, & en coupe la teſte au Duc de Bourgongne.* Robert eſcrit que l'argumét de l'innocence du Daufin fut, qu'il eut frayeur le voyant tuer, & deſtourna ſes yeux des meurtriers. Philippes voyant ſon pere mort, traite paix & amitie au Roy d'Angleterre ennemi des François. Et par les armes de ces deux la France fut eſtrangement trauaillee, les villes furent priſes, les bourgs bruſlez, les chaſteaux raſez. Et en ceſt eſtat s'eſtant paſſez quelques annees, le Roy Charles ſeptyeſme recouura tout ce que ſon ennemi luy auoit oſté, & ce par le ſecours d'une pucelle. Ceſte pucelle ſe nómoit Ieanne, agee de vingt ans ſeulemét, qui s'adreſſant au Roy dit conſtamment qu'elle eſtoit venue pour le reſtablir en ſon Royaume. Que Dieu l'auoit ainſi ordonné, que par ſon moyen la ville d'Orleans, que les Anglois auoyent aſsiegee & batue fort courageuſemét, ſeroit deliuree, & les Anglois eſtant chaſſez de France, qu'elle meneroit le Roy à Rheims, pour le faire ſacrer à la forme de ſes anceſtres. De toutes les quelles choſes elle diſoit auoir eu reuelatió de Dieu. Voy-là que du Gaguin & pluſieurs autres choſes. Ie viens à ce que fit Philippes de memorable, apres auoir receu le Duché de Brabant.

Du

Du siege de Calets.

CHAP. XCII.

L'AN de l'incarnation de nostre Seigneur M. CCCC.XXXVII. car je le trouue ainsi, y ayant quelque mauuais menage entre luy & le Roy d'Angleterre, il vint auec grande force assieger Calets situé sur les frontieres de Flandres, qui lors apartenoit aux Anglois. Ie ne voy point qu'en ce siege il y eut rien fait de memorable, deuant que la ville fut assail-lie le siege fut leué. Nous en auons dit le subject au liure *des faits & gestes des Ducs de Holande.* Ie trouue que les Anglois irritez de ce siege coururent tous les enuirons de Bruges, plus tost pour piller que pour faire la guerre. Mais ceux de Bruges les ayát chargez les mettent en fuite, & en tuent bien deux mille.

De la rebellion de ceux de Bruges contre Philippes.

CHAP. XCIII.

CESTE defaite fut suiuie de la rebellion de ceux de Bruges, pour-ce qu'on leur auoit osté leurs priuileges, & trouue qu'elle s'acreut tát & auec tant de fureur, que non seulement ils prirent les armes contre leur Prince, mais ils firent decapiter ceux qui auoyent fauorisé son parti. I'aprens par les liures de ceux de nostre païs, que le Prince estant deliberé d'aller assieger Bruges, fit semblant d'assembler vne armee pour aller en Hollande, pour les faire plus obeissans. Et pour le faire croire plus facile-ment, il enuoya deuant mil cinc cens hommes d'armes à Anuers, que lon pésoit de voir soudain passer en Holande. Et ce pendant luy auec le reste de son armee se jette aux enuirons de Bruges, & lors qu'il aprocha de la ville, le Seigneur de l'Isle à dan homme vaillát estant à cheual pres de luy, on dit qu'il luy tint ces paroles: *Voy-là la Holande que je veux auoir,* & luy móstra Bruges auec le doit. Ce qu'ayant entendu le Seigneur de l'Isle à dan, & ayant horreur luy dit: *Monseigneur, Dieu vous garde de faire telle chose, je ne voudrois pas que vous eussiez commencé ces affaires par là, pour experimenter au*

                dommage

dõmage de nous tous ce que peut la rage d'un peuple mutiné: neãtmoins s'il est ainsi arresté en vostre esprit,il n'y a danger où je ne me jette pour vous,qui estes mon Prince.Voy-là ce qu'il luy dit. Donc Philippes comme s'il eut deu aller en Holande, est receu à Bruges par les habitans, qui ne pensoyent point en mal. Mais quand ils eurent descouuert que le Duc n'y alloit pas de bon pied,les Bourgeois ayant sans dire mot pris leurs armes,se cachent dans des maisons au milieu de la ville,resolus de ne rien faire, & ne rien entrepren-dre,que premierement ils n'eussent descouuert quelle estoit l'intétion des gens du Duc. Car alentour du grand marché ils auoyent disposé leurs gés armez pour subir tous euenemens, & auoyent de grandes pieces d'artille-rie,dont à la premiere rumeur ils mirent en fuite tous les gens du Duc. Lequel estant en vn grand peril, auec l'aide d'un charpentier, qui rompit vne porte de derriere, difficilement il fut eschappé. Et par apres,à fin que pour la rebellion d'vne seule ville trop de sang ne se respandit, il pensa d'a-uoir ces rebelles par vn autre chemin. Il defendit donc en toutes ses pro-uinces de receuoir ceux de Bruges, & voulut qu'ils fussent tenus comme ennemis. Ce qui fit que les marchans qui souloyent trafiquer à Bruges, comme au marché commun du monde, de deça ayant quité la ville s'en allerent demeurer ailleurs. Ce que voyant les Citoyens de Bruges, ayant quité leur fureur,demandent la paix au Duc,& l'impetrent à ces conuen-tions,que dix huit des autheurs de la sedition estant executez par justice, tout le reste de la ville jusques au dernier sortant dehors à vne demie lieüe au deuant du Duc & les pieds nuds luy requeroyent pardon, Ce qu'ayant esté executé, le Duc entra dans la ville, & y fut receu comme si c'eut esté quelque diuinité.

Du siege & de la prise de
Luxembourg.

CHAP. XCIIII.

NON gueres apres vient la nouuelle que Elizabeth Princesse de Luxembourg estoit decedee sans enfans. C'est pourquoy Phi-lippes,à qui l'on estimoit que la Duché deuoit apartenir de droit, ayant vne assez belle armee se met en païs, & marche tãt qu'il s'aproche de
Luxem-

Luxembourg, premiere ville du païs, laquelle ayant esté l'espace de quinze jours fort trauaillee du siege, finalement par la vaillance de son bastard
Corneille, bon homme de guerre, & qui la nuit y entra, ayant escalé les
murailles, elle fut prise, & les portes ouuertes au pere par l'entremise du
fils.

De la prise de Constantinoble.

CHAP. XCV.

PENDANT son gouuernement & l'an 1452, ou comme veulent
Sabellic & Gaguin l'an 1453 de nostre salut, Constantinoble fut prise
par Mahomet Empereur des Turcs, & puis apres pillee. La perte de la
quelle fut griefue à toute la Chrestienté, mais tref-griefue aux Venitiens &
Geneuois, ausquels par ce moyen fut coupé le chemin de nauiger en la
mer majeure, & trafiquer en toute la Scithie.

De l'imposition faite en Holande.

CHAP. XCVI.

ENVIRON ce temps, je ne sçay sous quel pretexte, Philippes fit
vne imposition sur les Holandois. Laquelle ayant esté premieremét
desniee par les VVaterlands, (ce sont peuples de Holande) elle excita
encore de grands troubles. Car les VVaterlands ayant fait responce, que
leurs villes n'estoyent pas riches, comme les autres de la Holande, pour
payer ce qui leur estoit imposé, le Prince incontinent y enuoya des gens,
pour les contraindre de payer & contre leur gré. Et toutefois n'ayát de rien
proufité, & depuis y ayant esté enuoyé quelque nombre de gens armiez,
prirent les plus riches de la Haye en Hollande. Par laquelle violence on
tira tant d'argent, qu'outre ce dont les collecteurs & Receueurs s'estoyent
gorgez, il en resta assez pour le luxe des Courtisans. Et pleut à Dieu,
que

que ce dangereux exemple des Princes anciés ne fut point suiui de tous,
comme il est aujourd’huy.

De l’impofition faite fur ceux de Gand, & de leur rebellion.

CHAP. XCVII.

SIX ans apres comme Philippes ne fut point content des Gantois, à caufe que par leur ambition il auoit efté cótraint de leuer
le fiege de deuant Cales,il fe refolut de les charger deforce im-
pofitions.Et pour-ce qu’il n’auoit rien obtenu de ce qu’il auoit
demandé,il fe refolut de l’auoir par la force. Donc le Prince commença
à faire mettre prifonniers ceux qui refufoyent de payer, & leurs adherés.
Eux de mefme tous ceux qui fauorifoyent au Duc, & les traiterent fort
cruellemét. Il y eut entre eux quelque charge & bataille donnee, tantoft
les vns & tantoft les autres ayant du bon. Ceux de Gand afsiegerent Au-
denarde,mais en vain:Car deuant qu’il y eut rien de memorable executé
par vn fi grand apareil,les Gantois furent mis en route, & plufieurs des
leurs tuez. Ce pendant quafi toutes les villes de la Flandre fe rendirét au
Duc, mais ce changement tant s’en faut qu’il aportaft aux Ganthois (qui
font d’ú naturel farouche)quelque abaiffemét de cœur,que quelques jours
apres ils vindrent pour afsieger Tenermonde, vne ville de Flandre affez
forte. Mais il y en eut là beaucoup de tuez, par quelques vns qui s’eftoyét
mis en embufche. Ceux qui efchaperent s’affronterent encore contre les
habitans de Tenermonde, &en eurent du meilleur, les ayant defaits. Il
ne fe paffa pas beaucoup de jours,que l’un & l’autre ayant ramaffé nouuelles forces, ils viennent à fe charger de nouueau . En ce combat Corneille,
duquel j’ay parlé ci deffus,baftard de Bourgongne y demeura,& fon corps
fut amené à Bruxelles à fainte Goule,où il eft enterré.Le pere fort irrité de
la mort aduácee à fon baftard,lequel eftoit fi vaillant, appella les Holandois à fon fecours,Les Ganthois fe mocquoyent premierement de ce fecours de Holande,mais quand il fallut jouer à bon,ce fut lors que les Holandois eurent du meilleur.Et pour auoir fort bien fait leur deuoir,le Duc
les ayant remerciez,il leur bailla trois tours de la ville de Gád à furprédre,
lefquelles eftoyent & d’afsiette & de munition tref-fortes , ayant pris les
deux,

deux, il vient à la troiſyeſme. De quoy aduerti les Ganthois, ils ſortent de
leur ville en bonne conche, & ſans qu'ils y penſaſſent voy-là le Prince qui
les charge. Le combat fut cruel d'un & d'autre coſté, mais le Duc l'emporta, & y demeura bien (comme je trouue par eſcrit) ſeize mille Ganthois
morts ſur la place. C'eſt lors que le courage Ganthois eſtant abatu ils de-
mandent paix à jointes mains, laquelle accordee, le Prince entre en la ville,
& y eſt fort reueremment receu, il eſt traité en magnificence Ganthoiſe, &
à la fin il s'en part en toute ſeureté.

De Dauid fils du Duc Philippes, qui eſt fait Eueſque de Maſtric, & du ſiege de Dauenter.

CHAP.   XCVIII.

APRES cela Philippes, qui en toutes ſortes eſtoit vn braue Prince, penſa de faire ſon fils Dauid Eueſque de Maſtric. Ce qu'en-
tendant ceux de Maſtric, qui fauoriſoyent à Gillebert, lequel e-
ſtoit eſleu, ils commencerent à monſtrer par leurs actions, qu'ils n'auoyét
pas agreable ce que faiſoit le Duc. Ils diſoyét pour leurs raiſons, que le fils
du Duc n'eſtoit propre à l'eueſché, pource qu'il eſtoit baſtard & nay d'une
concubine. Et comme Philippes leur eut dit, qu'il auoit ſur cela diſpéſé du
Pape, il ne les peut jamais apaiſer. De ſorte que le chemin ſe fit par les armes, & la choſe vint à ce point, que celuy que les Chanoines auoyent eſleu eſtant aleché de grandes promeſſes ceda ſon droit au fils du Duc, de
ſorte que Maſtric eſtant laiſſé en paix, toutes les armes ſe tournerent vers la
ville de Dauenter, qui ne vouloit receuoir ce nouuel Eueſque. Le Duc
Philippes ayant mené contre eux vne belle petite armee, il conſomma à
les aſsieger huit ſemaines ſans rien faire. Car l'armee eſtant dans les boües
& au milieu des foſſez & des Mareſcages, les pluyes eſtant ſuruenues
en abondance, elle ne peut faire choſe qui valut. Et ce pendant Iean Duc
de Cleues, n'omettant rien de ſoin & de diligence pour pacifier ceux de
Dauanter auec le Duc, fit tant par ſes journees, qu'il les remit à la grace

L

du

du Duc, à la charge de receuoir le nouuel Euesque. Ce qu'ils firent assez
volontairement, ayant apris par les incommoditez du siege de leur ville,
qu'il ne faut regimber contre l'esperon. Donc ayant retiré de là ses soldats,
Philippes reuient en Brabant enuiron la feste de saint Michel.

De la fuite du Dauphin de France vers le Duc Philippes, & de son retour.

CHAP. XCIX.

A PEINE le Prince estoit de retour, & à peine respiroit il des
guerres passées & de ses fascheuses affaires, quád Louys Dauphin
de Viennois, qui estoit en mauuais menage auecque son pere le
Roy de France Charles septiesme, s'en vint en ce païs, & se jetta
entre ses bras, pour les alliances tref-estroites qu'il auoit auec luy. Adonq
Philippes receut son neueu destitué de la faueur des siens auec tant d'honneur & d'affection, qu'il monstra à ce Prince son allié qu'il luy portoit
vne amitie de vray pere. Donc ayant passé cinc ans en la court du Duc de
Bourgongne, & jusques à la mort de son pere, il fut par luy finalement re-
conduit auec vne belle armee jusques dedás la Fráce. Où son frere plus jeune, à qui le pere par rencœur auoit laissé son Royaume en haine de Louys,
luy ceda volontairement, & luy il fut sacré Roy de France. Sabellic, qui en
la derniere partie de son œuure parle des choses faites par le Duc Philippes, dit, que Louys fut soupçonné d'auoir donné du poison à son jeune frere. Ce qui luy engendra de l'enuie, & luy aporta vne guerre, en
laquelle il eut Philippes autant ennemi, comme il luy auoit esté ami.

De l'ar-

De l'armée qu'il mena contre le Turc.

CHAP. C.

L'AN de noſtre ſalut M. CCCC. LXIIII. le Pape Pie ſecond ayant éñuoyé ſes nonces apoſtoliques ſes lettres & ſes bulles par toute l'Europe, par leſquelles il inuitoit les Rois & les peuples de faire la guerre au Turc, il en adreſſa de particulieres à Philippes Duc de Bourgongne, par leſquelles il le prioit, de ſe preparer à vne ſi deuote & ſi neceſſaire guerre, & qu'il fut preſt à certain temps, pour acheminer auec les autres Princes Chreſtiens aux places dont l'ennemi de noſtre foy s'eſtoit emparé par leur faineantiſe. Ces lettres receües, ce bon Prince ne voulut differer d'aſſembler le plus qu'il peut de gens de guerre pour s'y acheminer, & y fut allé luy meſme en perſonne auec vne armee bien leſte & bien pourueüe, n'eſtoit qu'empeſché pour la vielleſſe & auſſi pour d'autres affaires, il fut côtraint de reſter en ſa maiſon. Il y enuoya donc en ſon lieu Antoine ſon baſtard, homme de grãd cœur & de ſinguliere valeur, pour eſtre chef de ceſte armee. Lequel eſtant parti de Brabant, & arriué en France, il n'oſa pas paſſer plus outre, pour auoir veu dés lettres, par leſquelles ſon pere auoit mandé qu'on le tuat. Or ces lettres (comme depuis il fut deſcouuert) n'eſtoyent pas de ſon pere, lequel l'aimoit vniquement, mais de quelques vns de ſon conſeil, qui les auoyent eſcrites en faueur du Roy de France, qui ſeul n'eſtoit en bon meſnage auec le Pape.

Du nouueau trouble qui aduint en Holande.

CHAP. CI.

L'AN mil quatre cens quarente quatre on dit que commença la querelle, qui a duré long temps entre ceux qu'on a nommez de l'hameçon & de la morue.

De la mort de Philippes & de ses mœurs.

CHAP. CII.

L'A N soixante & treze de son age le dit Philippes mourut, & de son gouuernement le trente sept, & de la natiuité de nostre Seigneur M.CCCG.LXVII, le 15.de Iuin. Ce Prince fut egalement amateur de paix & de guerre, ce qui semblera toutefois incroyable à plusieurs, il fut singulierement deuot, liberal enuers tous, humain autant que pas vn de ses predecesseurs. Difficilement se pourroit il juger, s'il fut en guerre ou plus hureux ou plus fort. Il se monstra durant tout son gouuernement merueilleusement moderé & plein de clemence, aussi scauoit il vaincre sa colere & la dissimuler. Nous trouuons qu'il se plaisoit fort aux pierreries & aux medailles,& d'auoir des tables & de la vaisselle d'or & d'argent, de sorte que pour en auoir il surpassoit la liberalité de Iules Cesar, & par ce moyen il enrichit plusieurs artisans, qu'à cest effect il auoit fait venir par deuers luy. Il honoroit fort les Princes & Princesses & les Dames & Damoiselles de noble maison,aussi de leur part ils luy portoyent honneur & reuerence.

CHAR-

CHARLES DVC
DE BOVRGONGNE.

De la naiſſance de Charles, & de ſes parens.

CHAP. CIII.

ARLES naſquit à Dijon, ville de Bourgongne, l'an de l'enfantement de la vierge M. CCCC. XXXIIII. le dixieſme jour de Nouembre. Son pere fut Philippes, duquel je viens de parler, & qui fut du tout bon : ſa mere fut Iſabeau, qui auoit eu deux autres fils deuant luy, dont l'un mourut en enfance, & l'autre ſe faiſant vn peu grandelet.

De ſon inclination en ſon enfance.

CHAP. CIIII.

YANT Charles attaint l'âge de 12 ans, on le bailla pour eſtre inſtruit aux bonnes mœurs & honeſtes diſciplines. On le nourriſſoit comme celuy qui deuoit vn jour commander à tant de Prouinces. Il ſe façonna ſi bien ſoit en meditant ſoit en s'exerçant, qu'eſtant vn peu grand il parloit bien Latin, & entendoit les anciens Autheurs, ſans qu'il eut beſoin d'interprete. Ce qui eſt ſi fate aux Princes de noſtre temps, que nous auriós ſubject de nous eſ-jouïr & de leuer la creſte, ſi nous en trouuions qui aprochaſſent à la moindre de ſes vertus. Il fut auſsi apris à la Muſique, qui entre les anciens eſtoit vne honeſte eſtude, & aujourd'huy entre quelques nations elle eſt en honneur. Il aima fort les gens doctes, & ſe preſentant l'occaſion il les eſleuoit, & ſans doute il eut

esté vn Mœcenas à tous les bós esprits, n'eut esté que retiré par les guerres
il luy fut besoin d'employer aux armes son esprit & toutes ses pensees. Ie
trouue aux Histoires de Holande, que tout jeune & sans barbe qu'il estoit
il disoit tous les jours ses heures Canoniales, & s'il n'estoit fort empesché,
il n'y failloit point. Son pere Philippes estoit si joyeux de tels commencemens de son fils, que maintefois il disoit deuoir beaucoup à Dieu, dont
procede toute grace, de luy auoir donné vn tel successeur.

Du mauuais menage qui fut entre luy
& son pere.

CHAP. CV.

HARLES estant venu au point de sa jeunesse, son pere luy
bailla le Conté de Charrolois & quelques autres places, dont il
receuroit le reuenu par chacun an. Il aduint quelque temps a-
pres qu'vn nommé Iean Cœsteins, estant du Conseil de Philippes, s'aduisa de luy donner du venin, car il le haissoit. De quoy Charles aduerti, vint à son pere, & non sans larmes luy ayant conté le fait, il fit mettre
par son commandement Cœsteins en prison, & conuaincu le fit mourir.
De ce chastiment (bien que juste & salutaire) se leua contre Charles vne
enuie, qui ne se peut esteindre, de la part de ceux par l'aduis desquels les affaires & publiques & priuees se gouuernoyent. Et firent tant que le pere
ayant distrait son fils de sa bonne grace, le despoulla de tout ce qu'il luy a-
uoit donné, & mesme par ordonnance defendit, que personne des grands
n'eut à manger auec luy, ni le suiure allant dehors. En cest estat Antoine
le bastard reuenu de France auec son armee trouua son pere Philippes
auec ledit Charles, & toutes choses postposées il s'efforça de les reconci-
lier, mesme Philippes en fut prié de beaucoup de grands Princes: de façon
qu'apres auoir pensé que c'estoit son seul heritier, il le rapella de Holande,
où il s'estoit retiré, & l'embrassant il le remit en son premier estat.

CAROLVS AVDAX DVX BRABANTIÆ.

De sa premiere guerre.

CHAP. CVI.

ON aprentissage en la guerre se fit contre Lois Roy de France, lequel il defit à Mont-herri. Ce lieu est esloigné de Paris de trois lieües Françoises. Charles fut en danger de sa vie en ceste bataille, & receut au col vn grand coup. Le Roy Loüis ayant quité les armes & tout espouuanté qu'il estoit se retira en vn chasteau. Et depuis estát entré dedans Paris, il fut plusieurs jours dans la ville sans en bouger. Ce pendant on enuoya force ambassades à Charles victorieus pour demáder la paix, & qui promettoyent que le Roy feroit tout ce que voudroit Charles. Au moyen de quoy & auec ces conuentions la paix fut accordee, que le Roy de France rendroit en Bourgongne toutes les places qu'il tenoit par force. A cela fut adjousté qu'on rendroit aussi trois petites villes, l'une desquelles fut Perone. Charles victorieux reuenu à Bruxelles fut receu auec vne incroyable joye de son pere & de toute la ville, car en ceste guerre toutes choses estoyent reussies plus grandes que lon esperoit.

De la mort d'Isabeau sa femme.

CHAP. CVII.

PENDANT le temps que Charles estoit en France, Isabeau sa femme qui l'aimoit singulierement tomba malade à Gorchon petite ville de Holande, & dit on que le mal luy vint de fascherie d'estre esloignee de son mari. C'est pourquoy les plus grands medecins apelez luy suaderent, que laissant la Holande elle s'en allat à Gand, esperant qu'elle se gariroit, quand elle verroit sa petite fille, qu'on nourrissoit en ce lieu. Mais estant venue à Anuers, le mal cómença si fort à rengreger, qu'estant portee en l'abaye de saint Michel, quelque temps apres elle mourut. Elle est là enseuelie deuant le grand autel. Elle estoit fort adonnee à Dieu. Il y en a qui bastissent de grands palais pour se

jetter

jetter en toutes delices, ceste-ci donnoit tout aux pauures. On lit d'elle, que souuent & en petites compagnies elle alloit voir les pauures en leurs petites maisons, ausquels elle donnoit de l'argent pour soulager leur pauureté, chose de fort memorable exemple.

De la destruction de la ville de Dinan.

CHAP. CVIII.

L'AN du salut du monde M.CCCC. soixante & six ceux de Dinan, qui est vne petite ville assise sur la Meuse, estant secourus de ceux du Liege, couroyent & rauageoyent estrangement le Brabant, le Hainaut, & Namur. Et disoyent beaucoup de choses au mespris de Philippes Duc de Brabant, lequel estant lors malade ne pouuoit garder son païs comme il eut voulu. Or Charles ne pouuant suporter ce tort, d'Arthois (où il estoit pour grandes affaires) il reuint à Bruxelles, & soudain ayāt composé vne armee, il s'en va à Dinant laquelle il prit, bien que grandemēt forte & bien auitaillee, & l'ayant prise il la destruit. Pres de Dinant & Bouuines & sur la Meuse estoit aussi vne petite ville, nōmee Pouluay, qui fut aussi destruit & rasé. Encore a jourd'huy il se voit quelques petites maisons, qui sont les restes de ceste ville destruite. Il s'y voit aussi vn puis merueilleux. D'une mesme demarche il alloit contre les Liegeois auecque grande force, n'eut esté qu'espouuentez de la destruction de Dinant, qui leur estoit voisin, ils demanderent pardon. Lequel Charles leur octroya par vne clemence, qui estoit nee auecque luy, apres toutefois auoir pris d'eux cinquāte hostages, qui s'en iroyent à Louuain, & y demeureroyent jusques à ce qu'on eut satisfait à tous les torts faits au Duc Philippes pere de Charles.

De la mort de Philippes son pere.

CHAP. CIX.

NON longuement apres & au mesme an Philippes son pere ayant enuoyé Antoine son bastard en Angleterre, pour negocier auec Edoüard quatriesme du mariage de Marguerite sa fille auecque Charles, tomba malade à Bruges. Les Barons qui estoyent pres de sa personne,

fonne, efperans qu’il fe porteroit bien, furent trois jours fans en rien man-
der à Charles, qui eſtoit à Gand. Mais rengregeant le mal, & le voyant preſt
de la mort, on enuoya querir le fils, qui vint nuit & jour fans ceſſer, & trouua fon pere fort mal, mais reſpirant encores, de forte qu’il demeura auec
luy. Or eſtant Philippes decedé, Charles jetta tant de piteuſes larmes, qu’il
faiſoit pleurer les aſſiſtans. Les Barons qui eſtoyét en Cour & les grandes
Dames en menerent vn ſi grand dueil, qu’eſtant quaſi hors d’eux meſmes,
les vns crióyent & fe defconfortoyent, & les autres tomboyét de leur ſens,
cóme s’ils fuſſent expirez. Apres dóc que ceſte mort fut diuulguee, tát par
le bruit cómun que par lettres, chacun fut en extreme triſteſſe, & princi-
palemét en Bourgongne. L’an auquel ceſt excellét Prince repaſſa fut (ſi les
Hiſtoires que je fui ne m’abufent) l’an m.cccc. foixáte & fept de noſtre falut. Son corps demeura pour quelque temps en la ville fans eſtre enfeueli.
Car le fils auoit refolu incontinent de le faire mener en Bourgongne pour
y eſtre enfepulturé, Ce qui fut faiſ par apres, comme nous dirons en fon
lieu. Iſabeau mere de Charles ayant quelque peu de temps furuefcu fon
mari, mourut à Arques, non loin de faint Omer, de la quelle le corps fut pareillement porté en Bourgongne.

Comme Charles fut inueſti des Principautez
de Flandres & de Brabant.

CHAP.　CX.

Ncontinent apres la mort de fon pere, Charles accompagné de
fes Barons s’en vient à Gand. Ce qu’ayant entendu les principaux des habitans de la ville, alors luy vont au deuant, & l’ayant
bienueigné comme leur nouueau Prince, l’introduifent en la
ville, & pour fa joyeufe entree on ouure les prifons à plus de quatre vingts
prifonniers, qui entrerent en la ville auecque luy. Donc ayant eſté receu
auecque toutes fortes d’esbatemens, & auec le chant d’alegreſſe de tous les
citoyens, il prent poſſeſſion de fa Conté de Flandres. Toutefois ce plaiſir
fut fuiui d’une triſteſſe inefperee: Car apres ceſte entree vint vn tumulte en
la ville, demandant les Ganthois la reſtitution de tous les priuileges, que
fon pere leur auoit oſtez. Et le peuple fe mit en telle furie, que Charles fut
contraint de faire tout ce qu’il vouloit. Apres cela eſtát allé à Terremóde,

ayant

ayant enuoyé ſes deputez à Gand , il reſcinda tout ce qu'il leur auoit o-
ctroyé plus par crainte que de bône volonté. Par apres il vint à Louuain,
premiere ville de Brabant, où il fut inueſti du Duché ſelon les formes ac-
couſtumees,& fut receu auecque tant de joye, que chacun de ſes ſubjects
s'eſtimoit heureux d'auoir vn tel Prince. De Louuain il vint à Bruxelles,
où il eſt auſsi receu auec toute alegreſſe, & le jour de ſainte Marguerite du
conſentement de tous les citoyens on fit ſerment de luy obeir. Les Gantois,qui par auant s'eſtoyent eſleuez apres s'eſtre recogneus & venus par
deuers luy pour demander pardon,ſont receus en grace.

Comme il apaiſa le tumulte de Malines.

CHAP. CXI.

N meſme temps il y eut auſsi trouble en la ville de Malines,
qui comme vn feu ſe prenant ça & là vint à telle fureur du peuple,qu'ayant chaſſé le Magiſtrat ils raſerent la maiſon du Marcgraue,& pillerent ſes biens. De quoy le Prince fort picqué y ac-
court en diligence,reſolu de mettre la ville à ſac, n'eut eſté qu'il fut prié de
pluſieurs de la nobleſſe de pardonner à la folie du peuple. Ce qu'il fit ſous
ces conditions toutefois, de rebaſtir à ſes deſpens toutes les maiſons qu'il
auoit deſtruites eſtant en ſa fureur, & de bailler preſentement au Marcgraue,qu'il auoit pillé,la ſomme de trente mille eſcus. Ie trouue auſsi que
pour la rebellion du peuple on luy oſta beaucoup de priuileges.

Comme il ſubjuga les Liegeois.

CHAP. CXII.

CELA fait,Charles retournant encore contre les Liegeois, prit pluſieurs de leurs chaſteaux par force, & aſsiegea la ville de Saint Trudon,car ainſi elle s'apelle à jourd'huy, & y fut quelques jours. Or eſtant
priſe il la fit demanteler, pour luy oſter à l'aduenir tout ſubject de rebellion. Apres il aſsiegea le Liege,qui ſe voyant foible, & ne pouuant reſiſter
à Charles,tous ſortent de la ville ſans armes , n'ayant chacun que leurs

veſtemens ſe jettent aux genoux du Prince, duquel finalemét apres beaucoup de prieres ils impetrerent ; que leur ville ne fut ruinee, & promirent
de faire ce que voudroit le Duc. Lequel eſtant aucunement apaiſé, ne voulut entrer en la ville, qui s'eſtoit ſoubmiſe à luy, que premierement on ne
luy eut aporté toutes les armes qu'il y auoit.

De ſon ſecond mariage.

CHAP.   CXIII.

ESTANT depeſtré de ceſte guerre, il eſpouſa Marguerite, ſœur d'E-
doüard quatrieſme du nom Roy d'Angleterre. Les nopces furent faites à Bruges, ville de Flandres, auec tant de magnificence, que le So-
leil n'a jamais veu rien de plus magnifique. Premieremét pour la celebra-
tion de ce mariage il y eut vn hoſtel, fait expreſſement & dreſſé depuis le
fondement juſques au comble auecque frais incroyables & merueilleuſe
diligence, dont les parois, les ſales, les chambres ; & tout eſtoit couueıt de
tapiſſeries treſ-riches. La ſale, où le jour de la nopce le Prince deuoıt traiter
ſes barons, eſtoit ſi ſuperbement accommodee, que le reſte qui eſtoit en
ceſt hoſtel(bien qu'il fut treſ-riche)ne paroiſſoit rien aupres. On y dreſſa le
buffet, où vous euſsiez veu de vaſes de toutes ſortes & en abondance. On y
voyoit de pur or les mouchettes, les chandeliers, les baſsins à lauer les
mains, les baſsins à lauer les piéds, vaıſſeaux à boire, les plats, les ſalieres,
les flacons, les eſcuelles, les plats creux pour mettre les viandes. La parole
me defaudroit, auant que je peuſſe nommer tout ce qui fut preparé pour
la magnificence dé ce banquet. Dehors il n'y auoit que redire. Toutes les
rues, toutes les maiſons, où l'eſpouſee deuoit venir, eſtoyent reueſtues de
belles tapiſſeries, & les grandes places de toutes ſortes de fleurs, que dónoit
la ſaiſon. On auoit enuoyé querir d'excellés ouuriers, pour excogiter tout
ce qui pourroit donner plaiſir à l'œil de ceux qui entroyent ou ſortoyent.
Deſ-ja tout eſtoit preſt & tout accommodé à grands frais pour le jour des
nopces. Donc le Prince eſtant entré à Bruges auec trois cens gentilſ-hom-
mes, il vint à Dama. Car quelques jours deuant ſa fiancee y eſtoit arriuee
d'Angleterre. En ceſte petite ville ayant celebré les eſpouſailles, ils vindrét
incontinent à Bruges. L'eſpouſee fut receüe auec chás d'alegreſſe par tous
les habitans, car elle eſtoit fort bien venue & fort deſiree d'un chacun. Ie
paſſe les ſpectacles qui ſe firent par toute la ville, & meſme les jeux repre-
ſentez

fentez par tous les quartiers, & joüez par excellens comediens. Ie ne parle
point des deputez de toutes les villes de Bourgongne, qui vindrent faire
leur congratulation, ni pareillement des principaux Euefques, & bref d'un
monde de gens qui fe trouuerent là. Le jour de la nopce eftant le Prince
à table auecque l'efpoufee en vne fale il fut ferui fort honorablement.
Car il y auoit quatorze nauires partie d'argent partie d'or, dont chacune
auoit à fa fuite quatre efquifs, dans lefquelles fe portoit la viande. Que diray-je des mets de table? On efcrit qu'il y eut quarenté feruices en nôbre.
Que diray-je du vin tref-odorant, qui fut verfé à la compagnie ? Le deffert
compofé de tout artifice de fucre, les pommes, les noix tout eftoit plein
de fomptuofité. Et comme ceux qui eftoyent à table efbahis de ces fingu-
laritez les gouftoyent, voy-ci des enfans reprefentãs les amours, qui ver-
ferent des parfums odorans pleins de fuauité. L'apareil du banquet
d'Antoine & Cleopatre n'eftoit rien au prix : Non pas les teftes des fix
cens autruches que Heliogabale prefenta en vn feul fouper. A fin que jé
finiffe, tout ce que l'antiquité a parlé de ces banquets douteux & excellens, eft moindre que celuy que fit lors le Duc de Bourgongne.

Or apres le repas qu'on eut chaſsé la faim,
Et qu'on eut deferui la viande & le pain,
Et enleué la table.

Ce fut lors que lon donna plaifir aux yeux de la compagnie, duquel je me
difpenferay de toucher vn petit mot, bien qu'il fut tel qu'on ne le puiffe
defcrire. On amena dans la fale des paons, qui jettoyent le feu par la gorge, & y auoit on aporté tant de defpence & tãt d'artifice, qu'ils ne fe pouuoyent difcerner d'auec les naturels. On fit aufsi entrer vn lion, fur lequel
eftoit afsife vne vierge fort belle, qui tenoit en fa main les armes du Duc.
Et pour monftrer d'auantage la magnificence, & pour donner nouueau
plaifir, on aporta trente groffes tours, qui reprefentoyét trente chafteaux,
dont Charles eftoit Seigneur en ce temps-là. Par apres on fit venir vn a-
nimal, que quelques vns penfent auoir efté vn dromadaire, fur le dos du
quel y auoit des paniers, dãs lefquels eftoyent toutes fortes d'oifeaux, qui
chantoyét, & qui ne donnoyent pas moins de plaifir à ceux qui eftoyent
à table, qu'ils donnent aux paffans en la faifon du printéps, lors qu'ils font
perchez & qu'ils gazoullét deffus les arbres. Apres cela vindrét ceux qui
danfent fur la chorde, les momons, les bafteleurs, auec ceux qui font

M 3

les

les fauts de foupleffe, les dances des principales Damoifelles de la ville,
& tout ce que lon pouuoit inuenter pour donner du plaifir. Tout ce
qu'il y eut de temps deuant le fouper, il fut employé en diuers paf-
fe-temps. Or Charles eftoit agé de trente cinq ans, quand ces nopces furent
celebrees. Le premier, le fecond, & le troifyefme jour apres lon fit forces
jeux & magnifiquemét reprefentez pour figne de lieffe, & y afsifterét Mef-
fieurs George de Baden, Euefque de Mets, Iean de Bourgongne, Euefque
de Cambray, Dauid de Bourgongne, aufsi Euefque d'Vtrec en Holande,
Gui Euefque de Tournay, auec plufieurs de la nobleffe afsis pres le Duc
Charles & fon efpoufe, qui eftoit belle par admiration.

Comme il fut eftabli au Conté de Hollande & Zelande.

CHAP. CXIIII.

ES nopces acheuees, il vint en Holláde auec quafi toute la fleur
des Barons de Bourgongne: Où derechef à chafque entree de ville luy eftant le plaifir renouuellé, & les triomphes erigez de nouueau, & force fpectacles reprefentez auec beauté & magnificéce,
finalement deuant la fefte de la Magdelaine il fut receu au Conté à la
Haye en Holande.

Du dernier fiege de la ville Liege & de la deftruction d'icelle.

CHAP. CXV.

ENVIRON ce temps les Liegeois fe reuolterent, qui la nuit eftant
entrez à Tógres, (cefte ville autrefois s'apelloit Octauia) ils prirét leur
Euefque nommé Loüis, neueu de Charles Duc de Brabant, & le
menerent prifonnier au Liege. De quoy Charles grandement indigné, a-
pres auoir de toutes parts amaffé des gens, il s'en va droit deuers le Liege.
En ce temps leur ville n'eftoit pas feulement grande & forte, mais elle
eftoit riche, & eftoit la capitale du païs. On peut juger quelle eftoit fa grandeur,

deur, qu'il y auoit en icelle trente deux temples, que nous appellons vulgairement Eglifes parochiales. Donc le Duc plante le camp deuāt la ville
du Liege, & ayant diuifé fon armee en deux, il l'afsiegea en plufieurs endroits,& penfoit y donner l'affaut le lendemain, n'eftoit qu'il en fut empefché par les pluyes & la diuerfité du temps. Le Roy de France Loys enuoya
fecours en ce fiege,& luy mefme y fut la plus part en perfonne. Or Charles quelque peu de temps apres auoir afsiegé cefte ville, finalement la prit
de force,quoy que vaillamment defendue par ceux de dedans , & la pilla,
& mefmes la deftruit, apres que le foldat y eut exercé des cruautez innumerables. Antoine Sabellic en fon liure,intitulé *La Rhapfodie des hiftoires,*
dit que le Duc Charles entreprit cefte guerre comme eftant grandement
picqué. Car il manda à tous fes Capitaines, qu'en vne main ils euffent
l'efpee traite,& de l'autre vne torche ardéte,menaffant de deftruire ces pauures miferables par le fer & le feu. On dit que le Roy de France y entra non
auec la croix droite,mais auec la croix de faint André, pour monftrer que
toute la gloire de cefte guerre apartenoit à Charles. La deftruction de cefte belle ville aduint enuiron le 30 jour d'octobre M.CCCC.LXVIII.

Des habitans d'Aix la Chapelle, qui demanderent pardon à Charles.

CHAP. CXVI.

CEVX d'Aix la Chapelle auoyent enuoyé viures aux Liegeois durant le fiege. Ce que le Duc ayant pris à cœur , s'en va auec de bonnes troupes droit à Maftric,pour de là tirer à Aix.Dont les habitans
eftant aduertis,ne fe preparent pas aux armes, ni à la fortification de leur
ville,& ne regardent point à faire prouifion de ce qu'il falloit pour refifter,mais atains de trop grande froyeur, ils enuoyent les premiers de leur
ville vers Charles.Deuant lequel s'eftant grandement humiliez,luy ayant
incontinent deliuré les clefs de leur ville, ils la rendirent à fon obeiffance.
Le Duc trouua bon cefte obeiffance, & agreable leur humilité. Partant il
leur fut pardonné,Mais à condition que pour auoir aidé fes ennemis, ils
payeroyent au Duc à certain temps quatre vingts mille florins.

Du chastiment qui fut fait de quelques vns.

CHAP. CXVII.

APRES cela Charles estant reuenu à Bruxelles, où est le siege de sa Duché, il remercia tous ceux qui luy auoyent donné confort & aide, & qui auoyent bien fait en ceste guerre du Liege: mais aussi il fit chastier ceux qui la ville prise auoyent pillé les Eglises. Ce braue Prince monstra par là qu'il n'y a guerre si iuste, où il ne faille espargner les autels.

Comme ceux qui s'estoyent absentez du Liege furent de retour en leur ville.

CHAP. CXVIII.

AV mesme temps il fut permis à ceux du Liege, qui par crainte de Charles victorieux s'estoyent absentez de leur ville, & vagoyent ça & là, d'y rentrer, & de restaurer ce que le soldat auoit destruit. De façon que de toutes parts on vient pour habiter ceste ville deserte de toutes choses. Et le retour ne fut sans larmes, principalement passant par les ruines des maisons, que le feu auoit destruites iusques à fleur de terre, & où ils s'estoyent autrefois res-joüis auecque leurs parens.

De la seuerité de Charles en rendant la iustice.

CHAP. CXIX.

PAR apres il tint sa iustice en toutes ses prouinces auec autant de diligence que de seuerité. Car il ne voulut iamais endurer que les gråds crimes demeurassent impunis. Il n'y eut iamais Prince exerçant la iustice qui donnast moins à l'amitie, ni aux presens, ni à ses parens. Qui

sont toutefois les choses dõt beaucoup sont grandemét esmeus, ne se sou-
uenant pas que c'est le deuoir premier de la justice, de rendre à chacun ce
qui luy apartient.

Des Phrisons, & du trouble qui aduint en Angleterre apres auoir chassé Edoüard beau-pere de Charles.

CHAP. CXX.

PEV d'annees suiuantes comme les Phrisons, qui sont peuples Orientaux, ne vouluissent plus obeïr à Charles, on deputa d'une part & d'autre pour les induire à paix, & pour sçauoir sous quelles conditions ils obeiroyent. Combien qu'estãt ce peuple fort ami de sa liberté, il sembloit n'y auoir esperance de paix, qu'auec des conditions qui luy fussent fort aduantageuses. Charles voyant leur opinia-streté, estoit resolu d'entrer incontinent en leur païs, & auec vne grande armee. Mais il auoit son dessein ailleurs, & jugea qu'il falloit aucunemét dissimuler. Enuiron ce temps il y eut de grands troubles en Angleterre, d'autant que la noblesse conjuree chassa Edoüard beau-pere de Charles. Et cela ne se passa pas sans effusion de sang, car deuant Calets & autres lieux il y eut de grandes defaites. Sabellic nous le tesmoigne, qui est vn autheur (à mon jugement) assez diligent rechercheur des vieilles & nouuelles Histoires.

Comme du temps de Charles il se veit vne estoille cheuelüe.

CHAP. CXXI.

L'AN de l'incarnation M. CCCC. LXXII. au mois de Ianuier, enuiron la feste de saint Agnes, il aparut vne estoille cheuelüe, qui ne se pouuoit regarder sans horreur. Elle se monstra l'espace de trois mois. Apres ceste comete suiuirent beaucoup de guerres, & beaucoup de tueries d'hommes, & de grande pestilence, qui rauagea en plusieurs lieux.

D'Ar-

D'Arnoud Prince de Gueldres tiré de prison, & de son fils Adolph fait prisonnier par Charles, & de la guerre de Gueldres.

CHAP. CXXII.

ENVIRON ce temps, par le soin & interuention de Charles, Arnoud Prince de Gueldres fut tiré de la prison, où Adolf son fils l'auoit detenu l'espace de sept ans. Ceux qui escriuent l'Histoire de nostre temps, ne disent point quel fut le subject d'auoir ainsi violenté son père. Mais je trouue qu'Adolph ayāt esté enuoyé querir par Charles, à fin de deuiser de leurs affaires comme ce meschant eut dit beaucoup de paroles indignes de luy à Charles, qui les escoutoit, & dignes de celuy qui les disoit, on luy dóna garde pour quelques jours, mais par apres on l'enuoya à Villeuord, (c'est vne petite ville de Brabāt,) où estant estroitement gardé, il y demeura jusques apres la mort de Charles. On dit deux choses touchant le Duché de Gueldres pretendu par Charles, l'une qu'il auoit acheté le droit du Duc de Iulliers, qui lors estoit censé & reputé vray & legitime Seigneur. Les autres disent qu'Arnoud peu au par auant que de mourir, picqué contre son fils, apres l'auoir desherité, l'auoir cedé à Charles: Le quel incontinent apres la mort d'Arnoud enuoya par toutes les villes ses Ambassades, pour leur dire que s'ils auoyét enuie de bien faire leurs affaires, ils se missent en son obeissance. Que s'ils refusoyent, qu'ils ne failliroyent d'auoir la guerre sur les bras, & que Charles par armes redemanderoit cest heritage. On respondit superbement à ses Ambassadeurs, qu'il n'y auoit en toute Gueldre aucun, qui craignit Charles ni ses menaces. S'il vouloit manger des armes, qu'il se trouueroit assez de gens parmi eux pour defendre leur païs. Cela luy estant raporté, Charles incontinent auec vne grande armee se jette dans le païs de Gueldres, & est receu de ceux de Ruremonde. Dequoy les voisins estonnez se rendirent volontairement, & furét receus en grace. La ville de Venlo fut assiegee quelques jours, mais à la fin ayant ouuert les portes à Charles, elle se mit en son obeissance. Par apres Nimegue, qui est vne belle ville de Gueldre, ayant esté assiegee & diuersement batue l'espace de 25 jours, est contrainte de se rendre. Et est Charles receu des citoyens auec grande alegresse, apres qu'il y fut entré, il fut inuesti

de tou-

de toute la principauté de Gueldres. En ceste ville luy ayant esté amenez
les petits enfans que le fils d'Arnoud auoit laissez, il les embrassa, & puis
retirez de sa presence, il les enuoya à Gand à sa femme la Duchesse Marguerite. Ainsi l'ay-je trouué escrit de quelques vns. D'autres disent, qu'on
ne les enuoya pas à Gand, mais qu'ils vindrent en Brabant auecque Charles, qui les tint fort honorablement par plusieurs ans. Donc comme j'ay
dit ayant esté establi au Duché de Gueldres à Nimegue, il est receu par
toutes les autres villes, & finalement il est receu au Conté de Zuphá auec
les ceremonies acoustumees. L'esté que Charles se fit maistre de Gueldres fut aussi chaud, qu'il en fut de memoire d'hommes. Beaucoup de gés
& d'animaux perirent pour les grandes chaleurs.

De l'entreueüe de Charles & de l'Empereur Fri-
deric, deux puissans Princes.

CHAP. CXXIII.

SVR l'Automne de ceste annee l'Empereur Frideric noblement accó-
pagné, & ayant auec luy plusieurs grands prelats & bon nombre de
Ducs des plus illustres, auec plusieurs autres grands Seigneurs s'en
vint à Treues, (c'est vne ville sise sur la Moselle) à fin de parler à Charles de
plusieurs grandes & importantes affaires. Quand Charles en fut aduerti,
ayant composé toutes choses au Duché de Gueldres, incontinent s'y a-
chemina, & auoit auec luy vne fort belle cópagnie. Ie trouue que l'Empereur alla au deuant de luy vn peu hors de la ville. En laquelle ils entrerent ensemble auec le son de force trompettes & clairons, & autres semblables instrumens, & furent ensemble quelques jours. Ce pendát Charles n'oublia rien de sa richesse & de magnificence pour bienueigner l'Empereur. Le banquet, que Charles donna à l'Empereur, fut tel, que peu
s'en faut qu'il n'egalat celuy de son mariage, duquel nous auons parlé. De
ceste entreueüe se voit vne belle epistre de Rodolphe Agricola homme
singulierement docte.

Comme

Comme Charles inſtitua à Malines le Parle-
ment, & de la ſepulture de ſes pere
& mere.

CHAP. CXXIIII.

STANT Charles de retour d'auec l'Empereur, il eſtablit vn Parlement à Malines : Duquel ſi les heureux commencemens euſſent eſté ſuiuis par ſes ſucceſſeurs, & qu'ils euſſent mis peine de l'entretenir, de l'honorer, & de l'agrádir, il n'y en auroit point vn plus celebre en toute la terre. Ce Parlement ayant la ſuperiorité deſſus toutes courts auoit juſte & legitime juriſdiction & conoiſſanee de toutes choſes, voire ſans apel. Le nombre des Conſeilliers eſtoit de trente, tous hommes doctes, cler-voyans, circonſpects, de grand jugement, juſtes & ſobres. Vous euſſiez dit que c'eſtoit vn Conſeil Areopagite, tant ils ju-geoyent les cauſes auec grande doctrine & prudence, rendant à vn chacun ce que ſuy apartenoit. Les cheualiers ſe trouuoyent au lieu qui eſtoit or-donné pour oüir les controuerſes, autrement il n'eſtoit loiſible. Eſtát en-trez en la cour, on chantoit la Meſſe. Le preſtre prioit Dieu qu'il ouurit les entendemens des Conſeilliers, & que ce jour par leur conſeil ils peuſ-ſent & vouluſſent proufiter à chacun. La Meſſe dite ils entroyent au lieu où ſe traitoyent les affaires publiques. Dont eſtant ſortis apres y auoir demeuré quelques heures & enuiron le midi il y auoit vn autre preſtre, qui s'en alloit dire Meſſe, & priër Dieu que les conſeils, qui auoyent eſté tenus ce jour-là, fuſſent vtiles au public. Et Charles les auoit menaſſez, que ſi par negligence & incuriolité ils laiſſoyent quelque choſe à faire, qui fuſt du proufit du public, de les ſuſpendré ou priuer de leurs charges. Tant ce Prince eſtoit fait à ne penſer rien que pour le public. Or ayant ainſi ordonné ceſt affaire, il penſa à la ſepulture de ſes pere & mere. Donc apres qu'à grandes journees il eut fait porter à Dijon les corps de ſes pere & mere, il les fit enſeuelir au monaſtere des Chartreux, non loing de la dite ville. En toutes les villes, où paſſoyent les corps, on leur faiſoit vn ſeruice auec toutes ſortes d'honneurs.

Du

Du siege de Nuts, vulgairement dite Nutia.

CHAP. CXXV.

EN ce temps Rupert Beyeren Archeuesque de Cologne se pleignoit
fort à Charles son cousin, que les habitans de Cologne & les villes
d'alentour empeschoyent tant qu'ils pouuoyent, qu'il ne receut ses
rentes & son reuenu annuel. Ce qu'ayant entendu, luy qui desiroit de
subuenir à Rupert, (les autres l'appellent Robert)lequel outre qu'il luy e-
stoit cousin, estoit fort aimé de luy, il assembla force gés à pied & à cheual,
& se jettât dans le païs, s'aduáçoit pour leur faire dômage. Nuts voisin de
Cologne (on l'apelle vulgairemét Nutia)fut assiegé au milieu des chaleurs
de luillet. Le Prince auoit fait venir auec luy bon nôbre de grosses artilleries, qu'il braqua contre la ville, & en plusieurs endroits il y fit breche. Et
par la rupture des murailles, qui se fit en plusieurs endroits, il gasta beaucoup de maisons, & fit vne grande tuerie de citoyens. I'ay leu que la ville
bien qu'elle fut furieusement battue, si fut elle fort vaillamment defendue
par les habitans. Le chef de la garnison estoit vn nommé Herman, frere
du Côte de Hessen, par la valeur duquel la ville fut sauuee entre fort gráds
dangers & espouuantemés. Car à fin de me taire de beaucoup d'autres incommoditez, qui estoyent en la ville, il y auoit vne telle famine & disette
de toutes choses, que beaucoup mangerent les cheuaux & autres choses,
qui seruoyent à la defence de la ville. Ie trouue aux escrits de quelques
vns, que pour sustenter les citoyens, on tua en peu de temps plus de quatre cens cheuaux. Ie ne di rien ici des saillies & combats, qui se firent entre
les assiegez & l'assiegeant : Car je ne prehs de beaucoup de choses que les
plus belles. Donc les nostres assiegeoyent Nuts, quand l'Empereur Frede-
ric vint à Strabourg, resolu ou de faire leuer le siege ou de donner bataille.
De quoy Charles estant aduerti, tant s'en faut qu'il fuit, ou qu'il leuat le
siege, qu'il mit son camp en bataille, resolu au combat. Mais l'Empereur
se tint dedans ses bornes, & n'osa pas combatre, esperant qu'à son arriuee
Charles espouuanté ne le voudroit attendre. Mais cela n'estant pas aduenu, & voyant l'Empereur qu'il s'opiniastroit au siege, il eut vne journee
donnee, où il fut assez valeureusement combatu. Charles eut le dessus,

recueillant d'autant plus d'honneur, que son ennemi estoit braue aux armes. Aussi doit il ceste victoire plus à la Vertu qu'à la Fortune: Car il auoit fort bien rengé ses gens, qui auoyent fait honnestement leur deuoir. Depuis ce jour l'Empereur n'osa atenter le combat . Au moyen de quoy on commença à parler de la paix, & s'en entremit le Legat du Pape Alexandre Euesque de Frefus, qui necessoit jour & nuit d'exhorter les Princes de quiter les armes, remettant l'affaire à la conoissance du Pape, qui en jugeroit auec meure deliberation & conoissance de cause, & pendant que Charles se retireroit de deuant Nuts. Ainsi la paix fut faite entre eux, pour donner lieu à la guerre de France.

De la guerre contre le Roy de France.

CHAP. CXXVI.

AR Louis Roy de France estant venu en Picardie, & entré dans l'Arthois, auoit pris & pillé plusieurs villes de l'obeissance de Charles. De quoy le courage luy estant enflé, il pensoit assieger Arras. Mais vne garnison y estant enuoyee, rendit vaine ceste resolution. Toutefois par auant que les François se retirassent, j'ay leu qu'il y eut combat entre eux & ceux de la garnison d'Arras . Auquel les François eurent du bon, lesquels estoyent plus en nombre, aussi que Charles esloigné leur auoit acreu le courage.

Comme le Roy d'Angleterre Edoüard vint deuers Charles, & de la treue auecque les François.

CHAP. CXXVII.

ENVIRON le temps de ce combat Charles estant de retour en sa maison du long siege de Nuts, il fut aduerti que le Roy d'Angleterre Edoüard estoit arriué à Calets. Son intention estoit de faire ce facheux voyage, pour se joindre auecque Charles, qui auoit leué vne gráde armee: Car il auoit esté ainsi accordé entre eux. Donc estant ensemble

entrez

entrez fur les frontieres de France, ils firent tant de peur à Loüys, qu'ayant incontinent affemblé les Premiers du royaume, il leur demanda confeil, comme en chofe tref-importante, comment il pourroit refifter à vn fi grand ennemi. Et fut refolu d'enuoyer des Ambaffadeurs, qui demande-royent la paix. Les Ambaffades oüis, ils n'eurent pas la paix, mais vne treue de neuf ans, Ceft euenement comme il aporta beaucoup de joye aux François, aufsi fut il miferable aux Anglois, qui auoyent vne grande enuie de piller la France.

De la guerre qui fe fit en Lorraine.

CHAP. CXXVIII.

EDOVARD ayát demeuré ouze femaines ès païs de Charles, fina-lement s'en retourna en Angleterre enuiron le mois de Septembre. Et au mefme temps Charles vint à Namur, & deuant la fin de ce mois il fe jetta dans la Lorraine auec vne puiffante armee, pour n'auoir gardé les traitez, Et de premier abord il prit quelques petites villes, & y mit garnifons fuffifantes. Dequoy Rene Duc de Lorraine eftant efpouuanté, qui lors n'auoit que 20 ans, s'en fuit en France auec quelques vns de fa nobleffe, de peur de tomber vif en la puiffance de fes ennemis. Par cefte fuite chacun perdit le courage, de forte que le camp de Charles s'efpandit par tout, fe fit maiftre en peu de jours de plufieurs places. A la fin il afsiegea Nanci ville tref-forte, le fiege dura neuf femaines. Cefte ville ayant efté bien defendue, finalement elle fut rendue par famine. Au moyen de quoy on donna la vie aux citoyens, finon à deux ou à trois, qui furent executez. Le fubject de les faire mourir ne fe dit par les Hiftoriens. Charles mit en la ville bonne garnifon, & forti de là il mit toute la Lorraine en fon obeïf-fance. Voy-là la derniere victoire qu'il emporta. On croit que Dieu l'a-yát depuis laiffé, il n'eut que mal-heur en fes armes, pource qu'il auoit chargé le Clergé de grandes exactions, combien qu'il n'eft pas inconue-nient de reduire quelques vns à la frugalité, pourueu que ce foit auecque raifon.

De la guerre qu'il eut contre les Suisses.

CHAP. CXXIX.

L A Lorraine gaignee, Charles ne fut long temps en repos, mais desireux de gloire il estendit la guerre jusques contre les Suisses. Le subjet fut, que ces peuples estoyent tumultuairement entrez en Sauoye, dont sa niece estoit Dame, & auoyent rempli tout d'effroy & de pilleries. Les Suisses premierement luy enuoyerent leurs Ambassades, mais à grande peine voulut il les oüir, & leur commanda de partir soudain, & les suiuit jusques en la ville de Granson, que quelques vns disent qu'il prit, & qu'il y fit pendre plusieurs Suisses. Ce qu'ayant irrité ceste nation courageuse & duite à la guerre, ayant dressé vne armee, elle attaque Charles, auec resolution ou de mourir elle mesme ou de le faire mourir, ou de le mettre en fuite. La premiere impetuosité des Suisses ayant donné sur les soldats de Charles, les fit reculer, puis il est mis en fuite auec grande tuerie. Charles eut esté pris en ce combat, si ce n'est qu'ayant laissé les gens il se retira comme s'il eut fui. Il y en a qui escriuent que là il perdit beaucoup de ses richesses, & quantité de vases d'or & d'argent, & de vestemens, que l'ennemi emporta, & qu'il y perdit tout son apareil de guerre.

De la mesme chose.

CHAP. CXXX.

O N ne pourroit penser la colere qu'auoit Charles en son cœur de se voir esté vaincu par ceste nation son ennemie, luy qui par auant auoit tousjours acoustumé de vaincre. Car il auoit le cœur haut & trop impatient de repos, & qui ne dormoit ni jour ni nuit. C'est pourquoy ayant refait son armee, il vient charger les Suisses, dont il auoit esté vaincu nagueres. Et là il fut encore defait, car les Suisses estoyent en plus grand nombre. La plus grande part des Bourgoignons fut ou prise ou mise au fil de l'espee. Il n'y eut quasi personne de nom entre nostre noblesse, qui n'y mourut, fors que le Duc, qui ayant tout perdu s'enfuit auec

petite

petite compagnie, & se sauua par la fuite. C'estoit le jour saint Iean Baptiste, que la bataille se donna. Le jour d'apres monstra bien, cóme la tuerie fut estrange: Car il se conta par quelques vns vingt six mille tuez sur la place.

Comme Rene Duc de Lorraine recouura Nanci, & comme Charles y vint mettre le siege.

CHAP. CXXXI.

HARLES picqué de la perte des siens deuint fort triste & melancholique, maintenant pensant combien d'hommes par sa temerité il auoit perdu en deux batailles, maintenant se representant qu'il n'y auoit rien de plus honteux, que d'estre vaincu, luy qui auoit reduit tant de peuples sous son obeïssance. Au reste plusieurs peuples voyant Charles mal-fortuné, & des-ja deux fois batu des Suisses, s'esleuerent & se liguerent tous contre luy. Ils viennent aux armes, & sous la conduite de Rene Duc de Lorraine ils mettent le siege deuant Nanci, où Charles auoit laissé garnison. Et font tant de diligence, qu'ils assiegent & batent & preignent la ville, deuant que Charles y peut aborder. Car il attendoit de Brabant & autres lieux vne nouuelle armee. Laquelle arriuee & se jettant en la Lorraine, derechef il assiegea Nanci. En ce siege ayant esté enfermé par l'ennemi, (ce qu'il n'attendoit pas) il eut tant de disette, que plusieurs moururent en son camp. De sorte que l'on oyoit les mescontentemens des soldats, qui disoyent qu'il valoit mieux demeurer en son païs estre auec les enfans & sa femme à son aise, & sans mourir de faim & de soif. Qu'on les auoit amenez en vn lieu, où loin de leur païs il leur falloit mourir, ou bien se voir prisonniers & en seruitude, qui estoit pire que la mort. Il n'y a point de doute, que telles plaintes esmeurent ce Prince: Mais les choses estoyent en tel estat, qu'on n'y pouuoit remediër.

O   De

De la journee donnee deuant Nanci, & comme le Duc Charles y fut tué.

CHAP. CXXXII.

NON longuement apres le Duc de Lorraine presente la bataille à Charles, lequel ayant laissé vne partie de son armee au siege, vint incontinent au champ de bataille, resolu auecque peu de combatre vne grande armee. On dit qu'il harengua ses soldats estonnez, & les excitat d'aller hardiment à la charge, à fin de laisser à leur posterité l'honneur acquis par leurs majeurs : qu'il ne falloit point auoir peur des Suisses, d'autant que non par leur vertu, mais par la crainte des soldats, ils auoyent deux fois obtenu victoire: que les Suisses le gaignoyent de nombre, mais que souuent les plus petites troupes auoyent defait les plus puissantes armees. Ayant dit semblables paroles, les trompettes sonnerent, & les troupes du Duc de Lorraine viadrent la teste baissee, & auecque de grands cris donnerét sur son armee, de sorte qu'elles la font reculer. Aussi n'estoit il pas difficile, car vn soldat frais & dispost combatoit côtre ceux que la faim & le tranail auoit debilitez. Ce fut pourquoy premierement ils s'en fuirent, & par apres innumerables tuez, & ausquels on passa sur le ventre. Qui est celuy si eloquent, qui puisse suffisamment deplorer ceste grande defaite, & la fuite des vaincus, & la mort des particuliers, & la generale tuerie de toute l'armee? Vous eussiez veu fuir les vns, & se jetter treblans où il n'y auoit que peu ou point de chemin, les autres dôner dans des precipices, où il n'y auoit que des rochers durs & aspres, autres se cacher dans les haliers, qu'ils pensoyent estre inconeus à l'ennemi. Les corps gisoyent par les chemins trauaillez de faim & de soif; & des lieux voisins on n'oyoit que des clameurs d'hommes, & des heurlemens de femmes. En ceste bataille donnee la veille des Rois Charles, qui comme autre fois auoit ce jour combatu auec plus grand courage que par bon conseil, apres auoir esté blessé de trois grandes playes mourut atterré entre les môceaux de ses gens vaincus & tuez. Voy-là la fin de ce Prince, qui fut le plus vaillât de tous les Princes de son temps. L'an qu'il mourut deuant Nanci fut M.CCCC.LXXVII. ainsi Sabellic l'escrit. Il y en a qui y adjoustent deux ans,

les

les autres en oſtent cinq. Ie m'eſtonne de ceſte varieté en choſe ſi freſche. Le commun s'accorde à Sabellic, & les plus vieux, cela eſtant aduenu de leur temps.

De la ſepulture de Charles, & des diſcours qu'on faiſoit de luy apres ſa mort.

CHAP. CXXXIII.

TROIS ans apres ceſte defaite le corps de Charles, ayant eſté recogneu à certain ſigne, fut enſeueli à Nanci en l'Egliſe S. George. Comme on l'enſeueliſſoit, ceux qui eſtoyent reſtez de la bataille, & qui le regardoyent, ſe prindrent à pleurer, car ils ſcauoyent ce que le païs auoit perdu. Ils ſe repreſentoyét ſa grãde valeur, ils ſe ſouuenoyét cóme d'ũ viſage ſi alegre ils l'auoyent veu mener les ſoldats à la guerre. Comme il aſsiegeoit les villes, comme il montoit ſur la muraille, comme il chaſſoit l'ennemi. Au reſte ſept ans apres ſa mort, on ſemoit de luy diuers bruits, & pluſieurs affermoyent qu'il eſtoit à Bruxelles petite ville de Sueue: Les autres le nioyent, ſouſtenant qu'il n'auoit eſté tué deuant Nanci, mais pris priſonnier, & emmené en France, & qu'en la preſence du Roy Loïs on luy auoit tranché la teſte. L'opinion qu'on auoit qu'il fut viuant fut cauſe qu'en peu de lieux on pria Dieu pour luy.

De la ioye & de la triſteſſe qui fut de ſa mort.

CHAP. CXXXIIII.

LES vns furent ioyeux les autres marris de la mort de ce Prince. On le haïſſoit pour eſtre ennemi de repos & touſ-jours aux armes, on le haïſſoit pour-ce que perpetuellement il demandoit de l'argent. Mais luy mort, & le Brabant & la Flandre ayant eu de grands troubles, cela cauſa que beaucoup euſſent deſiré de le voir en vie. Tout le peuple aux mutations ſuruenues aprouue ce qu'il a improuué.

De sa fille & de sa femme.

CHAP. CXXXV.

L laissa Marie sa fille & son heritiere, qui estoit vne fort belle Princesse. La quelle il auoit eüe d'Isabeau sa seconde femme, (car il auoit eu trois femmes) & depuis elle espousa Maximilian fils de l'Empereur Federic. Sa derniere femme Marguerite apres letrespas de son mari vescut plusieurs annees.Et à la verité elle suruescut pour le grand bien de plusieurs personnes: Car elle employa beaucoup à l'entretenement des hommes d'entendement, & s'adonna principalement à releuer les lettres,qui estoyent tombees par terre, tant par la faute du temps,que par la faineantise des Princes, & les lettres sainctes principalement. Iamais elle ne donna benefice,que premierement elle n'eut sceu si celuy à qui elle donnoit estoit hôme scauant,& de bónes mœurs,& hôme capable. Que pleut à Dieu que les Princes filsét ainsi àjourd'huy,nous ne verrions pas tant d'ignorans en l'Eglise:lesquels il seroit plus expedient qu'ils fussent à torcher le pot de chambre des Princes, que d'estre prepofez aux consciences des hommes. Ceste illustre Princesse est enterree aux Cordeliers de Malines, & d'elle Charles n'eut aucuns enfans. Et m'esmerueille,de quoy s'est aduisé Raphaël Volaterran, d'escrire que Marie estoit fille d'elle. Vn homme tel comme luy, & Italian de nation, escriuant de nos affaires, n'a pas deu si legerement croire aux bruits plus tost qu'aux liures.

De sa façon de faire guerre.

CHAP. CXXXVI.

IVSQVES ici nous auons parlé des gestes de Charles,maintenant je diray ce que j'ay sceu de ses façons de faire & de ses mœurs. Il à fait la guerre de ceste sorte,que souuent il cômandoit aux soldats,qui n'y pensoyent pas,de prendre leurs armes , & aller contre l'ennemi, quelque fois qu'il pleuuoit à force, & qu'il faisoit de grandes tempestes, & lors qu'on
l'aten-

l'atendoit le moins. Et qui eſt choſe eſtrange, eſtant plus ſur l'age il ne
fut jamais moins prompt à charger l'ennemi. Et plus il auoit vaincu,
plus il experimentoit le hazard de la güerre. Iamais il n'a eü victoire,
qu'il n'ait ſuiui l'ennemi fuyant, & ne donnoit jamais loiſir aux eſpou-
uantez de ſe recognoiſtre.

De ſa probité & façon de faire auec les ſoldats.

CHAP. CXXXVII.

ENTRE ſes ſoldats il ſouloit donner la prerogatiue non à ceux qui
auoyent de meilleures meurs ou plus de biens, mais à qui auoit plus
de force: & maintenant il les traitoit ſeuerement, maintenant dou-
cement. Car il ne les contraignoit pas à la diſcipline en tous lieux ni en
tous temps, mais quand l'ennemi n'eſtoit pas loin, c'eſtoit lors qu'il les
tenoit en leur deuoir. C'eſt pourquoy il les a eus touſ-jours preſts, quand
il a fallu combatre.

Du chaſtiment qu'il faiſoit aux ſoldats, & de l'amour qu'il leur portoit.

CHAP. CXXXVIII.

IL chaſtioit fort aigrement le ſoldat qui laiſſoit ſon enſeigne & les
larrons, du reſte le plus ſouuent il le diſſimuloit. Il en fit pendre vn,
qui auoit deſrobé vne poulle à vne vieille femme. Il les aimoit auſſi
de telle ſorte, qu'il n'y auoit eſpece d'amitié, qu'il ne leur fit. Quand ils
eſtoyét malades ou bleſſez, il les mettoit ès mains des medecins, qu'il ſcauoit eſtre treſ-fideles.

Comme il n'enduroit point, que le soldat s'adon-
naſt à ſon plaiſir.

CHAP. CXXXIX.

IL imita en ceci Ceſar le dictateur, & Scipion l'Africain, &
Metellus, tous braues Capitaines, qu'il ne ſoufroiét point qu'é
leur camp il y eut rien qui peut effeminer les ſoldats, & les retirer de ſa diſcipline militaire. Quát à luy il ne vouloit point
qu'en ſon camp rien y fut vendu, que lon eut expreſſement engreſſé
pour le rendre meilleur & plus ſauoureux, & ne vouloit point qu'à table
on y mit du deſſert. Toutes iurogneries en eſtoyent hors, & tout ce qui
excitoit à la luxure. Le ſoldat ſe deuoit contenter des viandes communes,
& le tenoit on eſloigné de la faim, & preſt pour aller à l'expedition.

Comme il imitoit en ce qu'il pouuoit Alexandre
le Grand.

CHAP. CXL.

CHARLES nay pour mener de grandes affaires, depuis qu'il eut
perdu ſon pere, il ſe prepoſa touſ-jours d'imiter Alexandre le Grand,
de ſorte qu'il deuint quaſi vn Alexandre. Il n'auoit rien ſi plaiſant à
oüir, ni rien ſi gracieux à lire, que ceux qui auoyent eſcrit d'Alexandre. De
ſorte qu'il ſcauoit par cœur tout ce qu'il auoit fait de beau, & l'imitoit
quand l'occaſion s'en preſentoit.

De ſon conſeil qui eſtoit ſoudain.

CHAP. CXLI.

IL y auoit vne choſe, dont il eſtoit veritablement blaſmable, c'eſt que
ſon conſeil eſtoit ſoudain: Car il ſe reſoluoit à la guerre ſans demander
conſeil.

De

De sa diligence à marcher en la guerre, & de sa patience au trauail.

CHAP.   CXLII.

VOVS eussiez pris ce Prince auec son conseil soudain pour vn Hannibal, quand il estoit en son camp:pour vn Iule Cesar, quand il se mettoit en chemin,ou pour vn Alexandre. Car il enduroit & le froid & le chaud. Il auoit passé beaucoup de froids d'hiuers & beaucoup de bruslans estez dessous les tentes. Il cheminoit quelquefois si diligemment, qu'il estoit souuent au lieu où il auoit enuoyé les gens, & deuant qu'ils y arriuassent, aussi bien souuent il a surpris & perdu ainsi son ennemi.

Comme sa fille Marie luy succeda apres sa mort.

CHAP.   CXLIII.

APRES la mort de Charles, le Brabant, la Flandre, la Holande, & tout le domaine des Prouinces voisines vint à Marie sa fille vnique. Elle se tenoit à Gand,quand la triste nouuelle de la mort de son pere vint. Plusieurs des plus grãds la vindrent voir, partie pour la consoler,car elle portoit vn merueilleux dueil de la mort de son pere: partie pour la conseiller sur les affaires de son estat. Entre ceux-là furent Loys de Bourbon, alors Euesque du Liege, Dauid de Bourgongne,Euesque d'Vtrec en Holande, oncle de Marie, car il estoit frere de Charles, mais bastard:Iean Duc de Cleues, & Adolph de Rauestein freres, VVolphard Prince de Vrients,Loys Conte de Vinstein, Lieutenant general en Holande & Zelande & en Phrise, Gualran de Brerod. Lesquels tous estant entrez à Gand,incontinent Marie fut installee en la Conté de Flandres,& rendit aux habitans tous leurs priuileges, que son pere leur auoit ostez à cause de leur mutinerie.

MAXIMILIANVS AVSTRIACVS ET
MARIA CAROLI F.ª

Des Ambassades qui furent enuoyez en France, & de quelques grands qui furent executez.

CHAP. CXLIIII.

PRES cela Marie enuoya ses Ambassadeurs à Loüys Roy de France, Lophard Vrients, Loys de la Gruthuse, Guillaume Hugonet, qui auoit esté Chancelier de Charles, à fin de faire la foy & hommage au Roy: j'vse du mot vulgaire hommage, à fin que chacun l'entende. Deuant que de licentier ces Ambassadeurs, Loüis leur dit, qu'il vouloit qu'ils portassent parole à Marie sa cousine de deux choses, la premiere, qu'estant mineure & en bas age & pupille elle eut à le choisir pour son tuteur: La seconde, qu'elle fut mariee à Charles son fils, qui lors ne pouuoit auoir que sept ans. Les Ambassadeurs, estant de retour, raportent ce qu'il leur auoit esté enchargé. Premierement Marie ne dit mot. Et quant au Chancelier de son feu pere, il la suada de ce faire, & jusques à dire, qu'elle aduisoit mal à ses affaires de refuser l'aliance d'un si puissant Prince, & refuser pour tuteur celuy, qui luy apartenoit de si pres. Donc quelque jour sur le soir estant allé voir le Prince Adolph Raüestein, elle se prit à pleurer, & auecque force larmes se pleignit, que Hugonet la faschoit fort, qui ne cessoit de la prescher de satisfaire à la volonté du Roy de France, & d'acomplir ce qu'il auoit enchargé aux Ambassadeurs, disant qu'il n'y auoit moyen d'auoir la paix, que celuy-là, car les treues estoyent finies. Adolph ayant veu ces plaintes, la console en peu de paroles, comme il peut, & puis s'en va, & ayant communiqué l'affaire auec les Tribuns du peuple de Gand, il fit qu'incontinent on saisit au corps Hugonet & vn protonotaire de Rome. La nuit que ceci aduint, le Prince de Humbercourt s'en fuit clandestinement. Et apres s'estre caché pour quelques jours en la Chartreuse qui est hors de Gand, à la fin descouuert & aprchendé est remené dans la ville. Ces trois estant prisonniers, le peuple fut quelque temps en armes. Hugonet mis à la question, confessa tout, & dit qu'estat deuant Nanci il suprima les lettres de Charles, par les quelles, estant en extreme necesité de ce qui estoit necessaire à la guerre, il escriuoit à ses païs en ces termes: Si vous ne m'enuoyez argens & viutes, dot je puisse con-

P

tinuer

tinuer la guerre, c'eſt fait de moy & de mon armee. Donc la rage du peuple contre la volonté de la Princeſſe fait trácher la teſte à Hugonet, Humbercourt, & Ieã Mel, qui eſtoit vn cheualier de l'Ordre. Le protonotaire reſtant priſonnier, on dit qu'il mourut quelque temps apres.

Comme Marie fut promiſe à Maximilian, & comme
le Roy de France aſsiege Arras, & prit autres
places, meſme la Bourgongne, & comme
les Flamens allerent deuant Tournay.

CHAP. CXLV.

CHARLES eſtant à Treues en Alemagne auoit promis ſa fille vnique Marie au fils de l'Empereur Federic nommé Maximilian, l'an mil quatre cens ſoixante & quinze. Et peu de temps apres ce noble Prince fut tué deuant Nanci. Donc le Roy de France ayant entendu que Marie eſtoit promiſe au fils de l'Empereur, lors plein de colere, ayant ſoudainement aſſemblé ſon armee vint à Arras, laquelle ayant batue auec force artillerie, à la fin il la prit, & en chaſſa quelques vns, & ceux qui fauoriſoyent à Marie il les fit mourir. Entré dedans l'Arthois, il prit les villes qu'il auoit baillees à Charles lors du traité fait à Mont-herri, comme nous auons dit. Au meſme temps il nous prit auſsi la Bourgongne, & pretendoit qu'elle ne pouuoit apartenir aux femelles, & quant à Charles il n'auoit point laiſſé de maſles. Il ſembloit bien que les François paſſeroyent plus outre, s'ils ne trouuoyent de la reſiſtence. Au moyen de quoy on fait vn corps d'armes à Auennes en Hainaut. L'ennemi le ſcachant il y vient auec ſon armee, il prét la ville. Les chefs qui eſtoyét dedãs, & qui eſtoyent vaincus & de grande maiſon, depuis furent rachatez. Les François mettent en ce temps leur garniſon dans Tournay, dont chacun jour ils faiſoyent des ſorties ſur les Flamens, & dequoy irritez ils font aſſemblee de gens. Adolph Prince de Gueldre en eſt fait chef, qui lors eſtoit detenu priſonnier au chaſteau de Coutray. Donc eſtant ſuiui de force troupes, il pilla tous les enuirons de Tournay, & alla juſques aux portes de la ville. Mais les Flamens ayant perdu leur chef, s'en retournerent, car Adolph au parauant que de faire choſe memorable auoit eſté tué dans vne

petite

petite prairie par ceux de Tournay, qui estoyent sortis de la ville, & en vain Iean Grach le voulut defendre, d'autát qu'il mourut sur la place. Le corps de ce Duc fut aporté à Tournay, & honorablement ensepulturé. Loys aduerti de ceste victoire, il entra en esperance de conquerir toute la Flandre.

Comme ceux de Gueldres refusent obeissance à Marie, & vont deuant Bosle-duc, & pillent le Brabant.

CHAP. CXLVI.

ADOLPH estant mort deuant Tournay, ceux de Gueldre se retirent de l'obeissance de Marie, & dit on que les autheurs de ceste reuolte furent les habitans de Nimegue & de Zutphan. Le gouuernement de Gueldre auoit esté baillé à Catherine sœur du Duc Adolph mort nagueres deuant Tournay. Or les Gueldrois auoyent pris prisonniers entre les nostres deux personnages de grand lieu, Federic Iselsteyn & Guillaume d'Egmond, auec vne grãde partie de leurs seruiteurs. Les ayant menez à Nimegue, ils les retinrent prisonniers l'espace de trois ans. Par apres ils donnerent la conduite de leurs troupes à Federic Prince de Bronsuuic, qu'ils auoyent fait venir en Gueldres. Et sous ce chef ils coururent les enuirons de Bosle-duc. Mais leur ayant resisté, ils firent plus de dommage aux Gueldrois, qu'ils n'en auoyent receu. Ils assiegerent aussi Graue, qui est vne petite ville. Et ayant clos tous les passages, à fin qu'on ne leur portat aucuns viures, ils contraignirent les habitans de se rendre. Enuiron ce temps les Gueldrois s'estant tumultuairement & plus que deuant espandus en Brabant & deuers Cleues, apres auoir mis le feu en plusieurs lieux, ils emmenerent force prisonniers de l'une & l'autre nation.

Comme ceux de Bruxelles se mutinerent, & comme ils firent des Magistrats du peuple.

CHAP. CXLVII.

PAR apres les villes de Brabant & de Flandres furent trauaillees de nouueaux troubles. A Bruxelles pource que le peuple auoit obtenu,

qu'ayant osté du Magistrat quelques vns des plus grands , qui l'auoyent
exercé par plusieurs annees, il leur auoit esté permis de renouueller le Senat, & le composer de toutes les parties de la ville . Or la nouuelle crea-
tion du Magistrat qui se presenta lors acreut ce remuement. On crea xv.
personnes du mesme corps, par le deuoir & diligence desquels en peu
de temps il fut acquité de grandes debtes, & restablirent la ville en sa premiere splendeur. Apres quelques annees ensuiuantes, les choses ayant
pris autre chemin, on a permis derechef le gouuernement de la ville à cer-
taines familles, au grand dommage du public.

*De la conspiration du peuple contre les principaux de Lou-
uain, & comme le Marcgraue de la ville fut pris prisonnier par vn nommé Paul Luenken,
qui depuis fut decollé en Zelande.*

CHAP. CXLVIII.

ENVIRON ce mesme temps il s'esleua vn trouble à Louuain,
le peuple ayant conspiré contre le Senat & les premiers de la
ville, que lon disoit fauoriser au Roy de France , combien qu'il
fut en fort mauuais menage auec Marie. Le chef de la sedition
estoit vn boucher, nommé Paul Luenken, qui estoit homme nó du tout
meschant, mais prompt de la langue. Ce compagnon ayant pris prisonnier le Maieur de la ville Loïs Pinnoc, & quelques vns des principaux de
la ville, il eut bien voulu les faire decapiter, mais il ne peut , car il n'auoit
point de bourreau. Et combien qu'ils eussent enuoyé querir le bourreau
de Thené, pource qu'ils sont voisins, si est-ce qu'il n'y voulut venir. Et dás
Louuain quelque haine que le peuple portast au Magistrat, si est-ce que
personne ne se trouua , qui voulut faire office de bourreau. Ce tumulte
dura jusques à ce que le Prince de Nassau seroit venu auec vne armee aux
enuirons de Louuain pour le reprimer. Car alors les autheurs du trouble
craignant que s'il assiegeoit , & prenoit la ville, on les feroit pendre,
s'estant eschapez les vns & les autres, finalement leur chef, qui estoit Paul,
vint en Zelande , où il est decapité à Croninge , qui est vne ville du païs.
Car

Car le Margraue Loys, que le peuple durant le tumulte auoit retenu prisonnier, auoit escrit quasi par tout aux Magistrats de toutes les villes du païs, que Paul s'estoit eschapé.

Comme Maximilian vint de la haute Alemaigne ès pais-
bas, & comme il fut receu à Gand à grand'joye,
où il espousa Marie.

CHAP. CXLIX.

LES remuemens, qui s'estoyent faits en Brabant & en Flandres, car ceste peste auoit couru quasi toutes les villes, furent aucunement apaisez à l'arriuee de Maximilian Archiduc d'Austriche. Lequel estoit enuoyé là de la part de son pere, à fin d'espouser Marie fille vnique de Charles mort deuant Nanci. Elle se tenoit à Gand, quand Maximilian passa par Louuain & Bruxelles villes de Brabant bien acompagné de Seigneurs d'Allemaigne, que Federic son pere luy auoit baillez pour les conduire, grãds de corsage, braues en habitz, & reluisans en leurs chaines d'or, & paroissans fort auec les cheuaux & leurs lances. Il estoit ja venu à Ternemóde, quand la nouuelle vint à Gand de son arriuee. Incontinent le Senat & plusieurs des principaux de la ville luy allerent au deuãt par la porte saint Bauon, & s'es-joüirent de sa bien-venue. Tous les petits enfans quand le Prince entra allerent au deuant de luy, & les jeunes & les vieux luy faisoyent chere & aplaudissement, leuant les mains au ciel, rendant graces à Dieu de le voir en leur ville. Estant entré dans le Palais la noble Marie alla au deuant de luy, & les bras ouuerts elle receut son fiancé, & le baisa, non sans auoir les larmes aux yeux. Et s'aprochant l'Euesque de Tournay en la presence des plus grands du clergé & de la noblesse il les espousa. L'an de ce mariage fut M. CCCC. LXXIX. de la natiuité de nostre Seigneur.

Comme ceux d'Vtrec font guerre aux Holandois, & com-
me les Holandois bruflent Eminiffem, & de la ba-
taille qui fut entre eux, où ceux de Holan-
de eurent la victoire.

CHAP. CL.

DEPVIS les Holandois faifant la guerre à ceux d'Vtrec, je trouue que lon pria les Zelandois de fecourir à ceux de Hollande, mais qu'ils le refuferent, & comme afsis au milieu, furent fpectateurs de cefte tragedie. D'une part & d'autre il y eut bien du dommage. Car il y eut des chafteaux abatus, desvillages bruflez, & beaucoup de maux qui furent perpetrez. Narden en Holande fut pris par ceux d'Vtrec, & entierement pillé. Et pour venger ce tort les Holandois auec vne armee paffable de gens de pied & de cheual vinrent jufques à Eminiffen. Ce bourg eftoit grand & fort, & les voifins y auoyent amené leur beftiail, & ferré leurs lits, leurs robes, & leur argent, & autres chofes. Les Holandois les ayant chargez, apres que le combat eutquelque temps duré, demeurerent les maiftres, & tuerent tout. Le pillage fait du bourg, ils y mirent le feu, & bruflerent maifons priuees & publiques. Ie trouue dans quelques hiftoires de Hollande efcrites en Flamen, que de longueur ce bourg auoit bien vne demie lieüe de long. Les Holandois apres cefte victoire s'efpandant plus auant dans le païs bruflerent le jour faint Eftienne vn autre bourg nommé VVeftbruc, à fin comme je croy d'attirer ceux d'Vtrec au combat. Lefquels de leurs portes & bouleuards ayant veu ce grand feu, prenant les armes, & temerairement allant contre les Holandois, furent mis en fuite auecque vne grande perte des leurs. Les ennemis les ayant fuiuis, peu s'en fallut qu'ils n'entraffent auec eux dans la ville. En ce combat l'un des Bourgmaiftres de cefte annee-là y mourut, & beaucoup d'autres riches & bons citoyens, qui auoyent pris les armes non pour butiner, mais pour la defence du païs.

Comme

Comme Maximilian va en Arthois auecque son armée, &
comme il est vaincu à Therouänne, mais qu'il a sa reuan-
che à Luxembourg, & comme le Cardinal d'Ho-
stie en vain s'efforce de faire la paix.

CHAP. CLI.

L'AN M.CCCC.LXXXI. Maximilian vint en Arthois, à fin de rauoir par les armes les villes, que les François y auoyent prises. L'armee fit alte à Léts, car ainsi le lieu se nomme, & nõ gueres loing de là estoyét les troupes des François. Mais l'Archiduc ne s'amusa à aucun siege, & les François aussi ne bougerent. Ie trouue qu'il y fut parlé d'une treue pour quelque temps. Quasi au mesme temps il y eut grande cherté en ces pais, & dura longuement. A la fin des treues Maximilian fit son Lieutenant en Arthois le Conte de Roumont, pour engarder les courses des François. Le Conte auoit tant fait, qu'il s'estoit au mesme temps emparé de Cambray. Le gouuernement du Côté de Flandres fut baillé à Pierre Côte de Briéne, combien que tous-jours il estoit trauaillé de gouttes : Car il estoit homme fort sage, qui est chose tres-necessaire en la guerre, veu qu'il faut au parauãt que de venir aux mains tenter toutes choses par conseil. Ainsi le tout estãt ordonné, l'Archiduc s'en va pour assieger Therouänne, & se campa non loing de la ville. Ce fut là qu'il fut aduerti que l'ennemi venoit : Il alla dóc au deuant, il ordonna ses batailles, où il logea le secours de ses alliez. Mais les François qui estoyent plus en nombre, l'enfoncerent de telle impetuosité, qu'ils mirent son camp en desordre, & en tuerent, & prirent son artillerie, mais non beaucoup. Au mesme instant la garnison de Therouänne estant sortie donne sur les munitionaires de Flandres. Où ayant fait passer au fil de l'espee tout ce qui se rencontra de resistence, ils pillerent le bagage de l'Archiduc, & butinerent force habits de soye, comme je croy, & force vaisselle d'or & d'argent, qui auoyent cousté beaucoup. L'espoir du butin attira jusques à là vne autre bande des François, lesquels l'Archiduc poursuiuit, & en tua comme on dit bien cinq mille. De là l'Archiduc se retira à Aire ville d'Arthois, mais ce qui luy fit laisser le siege de Therouäne je ne le trouue pas dans les Histoires. Apres le Conte de Romont fut enuoyé

pour

pour afsieger le Chafteau de Malonnoy,& le prit en peu de jours. Le Capitaine du chafteau,qui eftoit gentil-homme,ayant efté enuoyé querir par Maximilian,il le fit pendre: autant en fut il fait à cinquante autres, qui n'eftoyent gentil-hommes.Dequoy le Roy de France aduerti, luy qui aimoit ce Capitaine,& qui portoit indignemét fa mort,il fit aufsi pédre plufieurs des Bourguignós, qu'il auoit prifonniers de la bataille de Theroüanne. Au mefme temps les François,qui couroyét toute la mer,prirent grande quantité de vaiffeaux aux Flamens & aux Hollandois. Et d'autre cofté s'eftant jettez dans le Luxembourg,ils le mirent tout au fer & au feu. Dequoy picqué l'Archiduc, il tira fon armee de Brabant : Et ayant chargé l'ennemi,premierement il eft battu,mais à l'aide des Allemans finalement il met les François en fuite . Quelque temps apres il fe parle encore de treues, lefquelles je trouue auoir efté concluees le premier jour d'Auril enfuiuant. Or c'eftoit au mois d'Aouft que cefte charge fe donna. En Octobre enfuiuant il fe parla de refaire la paix entre le Roy de France & l'Archiduc,& en faifoit fort grand deuoir Iulian Cardinal d'Hoftie, qui depuis fait Pape,pour n'auoir mefme nom que Iulian l'apoftat, en tira deux lettres,& voulut eftre apellé Iules,fe plaifant d'eftre apellé comme Iules Cefar,aufsi je trouue qu'il retint beaucoup de fes mœurs . Or ce Cardinal d'Hoftie eftoit venu à Tournay pour compofer ces deux Princes, qui eftoyent fort picquez enfemble.Mais n'y pouuant proufiter, il s'en retourna en France,& depuis à Rome.

Des treues qui furent entre ces Princes, & quelque chofe de Jean de Bourgongne & de Henri de Bergues Euefque de Cambray.

CHAP. CLII.

DVRANT les treues chacun fe tint fans s'offencer . Or le premier jour d'Auril arriué on prolongua les treues jufques au premier de Iulliet. En ce mois d'Auril mourut à Malines Iean de Bourgongne Euefque de Cambray. Quand Dieu eft courroucé pour nos pechez, il dóne de tels Euefques,adonnez à la paillardife, aux banquets, & à l'auarice,
                                    bien

bien fouuent aufsi des enfans d'age & de mœurs . Celuy qui luy fucceda,
fçauoir Henri de Bergues, fut vn Euefque qui ne cedoit aux bós Euefques
ni en deuotion ni en autres vertus: Car il nourriffoit les pauures, il aidoit
les affligez, il eftoit fouuent à la priëre, & quelque fois il enfeignoit . Car
quelle façon y a il plus belle d'enfeigner, & plus agreable à Dieu, que par la
predication remettre au chemin de la vertu les deuoyez? ce qu'il faifoit.
I'adjoufteray qu'il aimoit les lettres, & les gens de lettres, il les careffoit &
les promouoit . Il eftoit le refuge & la recompenfe de ceux qui en ce téps-
là mettoyent la main à la plume pour le bien du public, & pource que la
langue Latine menaffoit ruine, & qu'elle péchoit pour tomber à terre, c'eft
luy qui la releuoit & la reftauroit.

*Comme Maximilian s'embarqua pour paſſer en
Holande, & remediër aux maux dont
elle trauailloit.*

CHAP. CLIII.

AV mefme mois Maximilian va en Holande, à fin d'affoupir les
factions & diuifions qui eftoyent entre le peuple. L'une auoit pris
fon nom de l'hameçon & l'autre de la Morue l'vne ville eftoit bádee
contre vne autre ville , le frere menaçoit de ruiner fon frere, le fils defiroit
de faire mourir fon pere de fa main. D'une part & d'autre force meurtres,
& d'une & d'autre part des brigandages innumerables. Ce mal pernicieux
tint la Hollande grande efpace de temps , & encore ne fcay-je s'il n'y en a
point de reftes pour le jourd'huy.

*De l'ambaſſade enuoyé pour prolonger encore les treues, & de
l'ordonnance des Ganthois ſur la cherté de bled.*

CHAP. CLIIII.

LE Mois de Iulliet aprochoit, au moyen dequoy on enuoya à Arras
quelques vns des principaux, où ils moyennerent auec les deputez
de la part du Roy de France, que les treues fuffent encores prolongees d'un

Q

an.

an. Ce pendant la famine eſtoit en diuers lieux. Il fut fait vne ordonnáce à Gand, que perſonne ne vendit le bled à plus haut pris qu'il ſeroit taxé par le Senat. De ſorte que ceux qui auoyent en la maiſon pluſieurs mille boiſ-ſeaux de bled, furent contrains de l'aporter au marché & de le vendre.

Comme Marie tomba du haut de ſon cheual, & de ſa mort, & des ſes enfans.

CHAP. CLV.

LA femme de l'Archiduc eſtant en Flandres, comme vn jour il luy eut pris enuie d'aller à la chaſſe pour s'esbatre, car elle aimoit fort la chaſſe, ſoit que ſon cheual tombaſt ou autrement, car on n'en dit rien de certain, elle broncha par terre. Eſtant fort bleſſee on la porte à Bruges. Les plus ſcauans medecins incontinent furent apellez, mais le mal gaignant les remedes, elle mourut vn peu apres, n'y ayant pas encore cinc ans qu'elle eſtoit mariee, & cela fut la cinque annee de ſon gouuernement vnze ſemaines & quatre jours apres, ainſi le dit celuy qui en noſtre langue a eſcrit l'Hiſtoire de noſtre païs. Le bruit de ceſte mort s'eſtant eſpandu, il y en eut vn dueil incroyable. Ceſte Princeſſe tant noble, ſainte, tant fem-me de bien, laiſſa vn grand regret d'elle à vn chacun. Maximilian eut d'elle Philippes, duquel nous parlerons en ſon lieu, & Marguerite, qui à preſent gouuerne nos prouinces. Digne Princeſſe d'eſtre miſe au rang de ces gene-reuſes femmes du temps paſſé, François fut le dernier, qui mourut auſsi toſt qu'il fut nay.

Comme Maximilian deſire ſa femme morte d'eſtre fait le tuteur de ſes enfans.

CHAP. CLVI.

APRES le deces de ceſte Princeſſe, que Maximilian aimoit fort, il ſoigna d'eſtre laiſſé tuteur à ſes enfans, qui n'eſtoyent encores en puberté, car il eſtoit beſoin de defendre le païs contre les François, quil'ayant couru apres le deces de Marie mettoyent tout à feu & à ſang.

Donc

Donc le second jour de May les principaux de toutes les villes de ſes païs
furent apellez à Gand. Il fut là arreſté de ne permettre à Maximiliã le gouuernement de ſes enfans, que juſques à certain temps, & qu'il juraſt qu'il
n'ordonneroit rien, que par l'aduis des hommes ſages, qu'on luy donneroit. Car luy meſme eſtoit jeune, & ſe laiſſoit aller à ceux qui s'enrichiſ-
ſoyent de ſon dommage.

*Qui eſtoyent ceux que l'Archiduc auoit com-
mandé qu'on les tuaſt, bien qu'ils
fuſſent innocens.*

CHAP. CLVII.

N ON long temps apres pluſieurs ſages hommes de Louuain,
Bruxelles, Anuers furent enuoyez à Malines, à fin d'aduiſer enſemble plus librement ſur la propoſition faite peu au parauant
à Louuain par Maximilian, qu'on eut (comme nous auons dit)
à l'eſlire tuteur à ſes enfans, n'eſtant encore en puberté. Donc les principaux de trois villes deliberant enſemble à Malines, l'Archiduc, conſeillé
par ceux qui aimoyent mieux leur proufit, que celuy du païs, les fait prédre, & conſtituer priſonniers à Villeuord, qui eſt vne forte place. On leur
mettoit ſus, que clandeſtinement & ſans en aduertir le Prince ils s'aſſem-
bloyent tantoſt à Malines, tantoſt à Aloſt, & s'aſſocioyent auecque
ceux de Flandres, pour faire des remuemens. Ceux qui eſtoyent pres la
perſonne du Prince, & qui eſtoyét gens infinimét auares, conſeillét, de les
faire chaſtiër par juſtice, eſperant que les autres villes intimidees defere-
royent la tutelle & le gouuernement à Maximilian. Le Prince qui eſtoit
jeune, les fit quaſi tous decapiter. Entre leſquels fut Nicolas Heetueld,
qui eſtoit homme noble & fort ſage, & homme de bien, & duquel la
mort fut fort regrettee.

          Comme

Comme la tutelle de ses enfans est donnee à Maximilian.

CHAP. CLVIII.

APRES longues deliberations des villes, à la fin Maximilian fait tuteur de ses enfans est receu à Louuain : mais à ces conditions, que ce sera pour peu de temps, & tant que les principaux des villes verront qu'il en sera besoin . La Cour estoit pleine de gens qui desroboyent tout. Ceux-là sous couuerture d'emprunts & d'impositions trauailloyent vn chacun. Le soldat non payé rauageoit tout aux champs, beaucoup de gens des champs par ce moyen tomboyent en pauureté. La necessité contraignit plusieurs d'estre voleurs. Encore durant ce desordre les vents, les tempestes, les foudres, les tonnerres, les pluyes, les chaleurs, & froidures venant hors la saison firent que rien ne meurissoit aux champs. Ie croy que c'estoit que Dieu estoit courroué contre les hommes.

Comme Loüys de Bourbon Euesque du Liege fut indignement tué, & des maux qui en sont suiuis.

CHAP. CLIX.

OVASI en mesme temps il se fit vne chose contre l'Euesque du Liege, qui fut vn exemple non vulgaire de grande cruauté. Guillaume d'Arembourg, homme insolent & ambitieux, & pour dire en vn mot, qui estoit de ceste complexion, que quiconque l'incitoit à faire vne cruauté, il le jettoit en son naturel. Donc ce meschát garnement fut celuy qui conjura contre son Euesque Loüis de Bourbon. Au moyen de quoy ayant esté depuis chassé de la ville, s'estant allié auec bien deux mille marauds vient aux enuirons du Liege, pour faire desplaisir à Louys, qui estoit grand partisan de la maison de Bourgongne.

Loüis

Loüis voulant fortir pour aller à l'encontre de ce garnement, eft tué &
maffacré inhumainement : Peut eftre que paffant par vn lieu où ceux de
la faction d'Arembourg eftoyent, ils le tuerent, & eft croyable qu'il les a-
uoit attitrez pour ce faire. Apres cela Arembourg fe jettât en toute la principauté du Liege, y fit de grandes cruautez en haine de la maifon de Bourgongne. Apres la mort de Louys il chaffa de là ville tous ceux qui luy e-
ftoyent amis & l'auoyent fauorifé, & les defpouilla de tous leurs biens;
mefmes il en tua quelques vns. Le bruit de ce meurtre s'efpandit incontinent en Brabant. Qui craignant que le Roy de France, apres la mort de
l'Euefque entrant au païs du Liege, ne rauageat aufsi le Brabant & pareillemét, à fin de venger cefte miferable mort, ils preignét les armes. Les premiers de tous furent ceux de Louuain, qui fans obferuer leur folemnelle
procefsion, qui fe fait tous les ans le premier jour du mois de Septembre,
eftant fortis auec les armes, & ayant afsiegé Saint Trudon, ils le contrai-
gnent de fe rendre. De mefme demarche ils preignent Haffet, ayant defait
la garnifon qu'Aremberg y auoit mife pour le defendre. Ceux de Tongre
fe rendirent aufsi. Def-ja les Brabançons accouroyét pour afsieger le Liege auecque grandes forces. Arembourg voyant le danger où il feroit auec
les fiens, fi on prenoit la ville, trouua moyen de parlementer auec le chef
qui menoit les Brabançons. Et fit fi bien, qu'ayant parlé à luy, qu'incontinent les chofes changees on commanda à chacun des noftres de retourner en fa maifon. Ie trouue que quelques vns ont efcrit, qu'on auoit promis à Naffau, qui eftoit chef de nos troupes, de luy donner tant de mille
efcus s'il s'en retournoit. Donc Bourbon ayant efté tué, Iean d'Horne frere du Prince d'Horne fut par election premierement & depuis par côfir-
mation du Pape fait Euefque de Liege. Arembourg à fin de le priuer de
l'euefché, (car il vouloit y mettre fon fils) s'empare de la ville de Tongre,
& en chaffe les Brabançons. De là vint vne nouuelle guerre, car les Brabá-
çons ayant affemblé vne grande armee, & donnant de grandes foldes aux
foldats, reuinrent au Liege. Il y eut bataille donnee fans rien y efpargner.
A la fin les Brabançons l'emporterent, & y eut trois mille hômes de tuez.
Vn peu apres Arembourg forti de Saint Trudô, l'on ne fcait fi c'eftoit pour
fe refaire vn peu l'efprit, où pour autres affaires, eft pris prifonnier par Federic frere de Iean d'Horne Euefque du Liege. De là enuoyé à Maftric, on
luy coupe la tefte à la veüe de tous les habitans, & fut juftement falarié de
fa folie. Ses amis pour fe venger de cela, trauaillerent fort depuis le nouuel
Euefque & ceux de Maftric, ayant ruiné leurs chafteaux, pillé le plat païs,
bruflé les villages, & tué les laboureurs.

Q 3

Comme

Comme Maximilian est fait Roy des Romains, & comme il reuint en Brabant auec son pere.

CHAP. CLX.

L'AN de l'enfantement de la Vierge M.CCCC. LXXXV. Maximiliã fils de l'Empereur Federic est par la volonté de son pere declaré Roy des Romains à Francfort, qui est vne belle ville & marcháde de la haute Alemaigne. C'est pourquoy Hermolaus Barbarus en vne oraison qu'il fait à Federic dit ainsi : *Vous auez selon nostre aduis recueilli vn grand fruit de voftre vie passee, que vous viuant & par voftre permission ayez veu declarer voftre fils Roy des Romains, luy qui est vn genereux Prince, & qui autãt par sagesse comme par armes a domté de tref-nobles païs, des peuples tref-courageux, & de tref belliqueuses nations.* Voy-là ce qu'il dit. Quelque temps apres Federic auec son fils vint visiter le Brabant & la Flandre, & y fut receu auec tout l'honneur dont on se peut aduiser. Maximilian accompagne son pere s'en retournant en Alemaigne. Et de retour auec vne assez belle armee il entre dans la Picardie, en resolution d'afsieger quelques petites villes, qui s'estoyent rendues au Roy de France. Quelques vns escriuent, que celuy qui estoit chef en l'armee des François ayant donné de l'argent à ses soldats, & les ayant corrumpus, ils refuferét la bataille. De sorte que le Roy vergongneux s'en retourna sans rien faire de memorable.

Comme en vne sedition, qui se fit à Bruges, Maximilian fut pris prisonnier : & comme le Pape excommunia ceux qui l'auoyent fait, comme aussi l'Empereur Federic vint auec vne armee qu'il mena contre les Ganthois, & comme toute la Flandre fut pillee.

CHAP. CLXI.

D ESIA les habitans de Gand & de Bruges, qui sont deux des plus belles villes de Flandres, refusoyent d'obeïr à Maximilian. Non pour le mespris de sa Majesté, mais pour auoir de Conseilliers qui ráçon-

noyent

noyent les meilleurs citoyens,& les plus fideles feruiteurs qu'il eut. Entre
ceux-là eſtoit vn nommé Pierre de Longcol,qui eſtoit ſon threſorier. De
cela le Prince eſtant aduerti, il vint auec toute ſa nobleſſe & ſon Conſeil
à Bruges,à fin de les remettre en l'obeiſſance. Mais il aduint tout autre-
ment.Car le Senat de Bruges & le peuple auſſi refuſa tout à plat ce que le
Prince demandoit,de ſorte que la ville fut toute en rumeur. Au milieu du
trouble & le Roy des Romains & Lōgcol auecque quelques autres furent
faits priſonniers.On en eſcrit à Innocent huityeſme, qui lors eſtoit Pape.
Lequel ſans tarder eſcrit à l'Archeueſque de Cologne, qu'il eut à excom-
muniër ceux de Bruges,& de Gand,& d'Ipre,(car ces trois s'eſtoyent aſſociez pour faire ceſte meſchanceté)ſi ce n'eſt que dans vn certain temps ils
miſſent le Roy des Romains hors de priſon . Apres cela les principaux de toutes les villes vindrent deuers le Roy pour pacifiër toutes choſes. Les Flamens luy promirent beaucoup de mille eſcus , s'il leur pardō-
noit. Deuant que de ſortir de priſon , on dit qu'il promit d'oubliër toutes
choſes,& fit vn traité auecque ceux de Bruges & leurs aſſociez . Au reſte
outre les pleiges qui furent baillez, on choiſit quelques vns des plus grāds,
pour gouuerner toute la Flandre,juſques à ce que Philippes fils du Roy des
Romains fut en age pour gouuerner . Le Roy mis en liberté vint à Malines vers l'Empereur ſon pere. Lequel peu de jours au parauant eſtoit venu
d'Alemaigñe auec vne armee,pour auoir raiſon de l'injure faite à ſon fils.
On dit que Maximilian remercia ſon pere de l'amour qu'il luy portoit, &
qu'il le pria de ne rien faire à ceux de Bruges. Mais Federic coleré, ayāt re-
fuſé ſon fils de ſa requeſte, s'en vint en la Flandre, qu'il traita comme ennemie. Ceux de Gand voyant qu'il venoit comme ennemi, & nō comme
ami,luy fermerent les portes.Il ſembloit que Federic fut venu pour prendre la ville,mais il ſe retira eſbahi de la grandeur d'icelle,& de tāt de coups
de trait dont on le ſaluä, comme il en aprochoit.Eſtant donc ainſi exclus
Federic, il pilla tout le païs d'alentour de la ville . De ſorte que la tem-
peſte de la guerre tomba ſur le pauure laboureur en deſpit des habitans
de Gand.

De la guerre ciuile qui fut en Brabant, & de la peste qui fut grande à Bruxelles & à Louuain.

CHAP.   CLXII.

FEDERIC & Maximilian estant de retour en Alemaigne, le peuple du païs-bas se banda en deux parties. Car il y en auóit, dont Philippes de Cleues estoit chef, qui estoyent d'aduis de tenir le traité fait à Bruges auec Maximilian tant & si longuemét, que leur salut & celuy de leurs concitoyens le pourroit porter. Les autres au contraire, dont estoit chef Albert Duc de Saxe. Or Federic & Maximilian parlant pour aller en Alemaigne auoyent donné cest Albert à Philippes Duc de Brabant, n'estát encores en puberté, pourle gouuerner, & pour gouuerner les Prouinces du païs-bas. Louuain, Bruxelles, Thenen, & autres villes s'estoyent liguees auec Philippes de Cleues, establi pour defendre la Flandre. Ceux de Bosle-duc estoyent du tiers parti. Les autres grandes villes Anuers, Malines, Lyre suiuirent Albert. Durant ceste diuision intestine, on ne diroit pas le mal qui s'y fit d'une part & d'autre. Ceux de Bruxelles prirent Villeuord, qui tenoit contre eux, & le bruslerent. Albert de Saxe osta Arschot à ceux de Louuain. Le feu qui prit en quelques maisons priuees, non mis par l'ennemi, mais par autre forme, passa si loing, qu'il brusla l'Eglise du lieu: Mais depuis elle fut redifiee plus magnifique que deuant. Le mesme Albert osta Thenes à ceux de Bruxelles. Beaucoup de personnes y auoyent aporté leurs biens, comme en lieu seur, ce qui fut tout pillé par les gensdarmes & autres meschans garnemens, qui s'estoyét meslés auecque les soldats. Durant ces seditions la peste se jetta en quelques lieux si furieusement, qu'on n'auoit point de memoire de l'auoir veüe plus grande. Les vieilles gens qui estoyent de ce téps disent, qu'à Bruxelles il mourut trente deux mille hommes, & à Louuain vingt mille. C'est pourquoy je pense que la paix en fut plus tost faite en ces lieux-là. Car ceux de Louuain & de Bruxelles estant affoiblis par la pestilence, qui emportoit leurs hommes, enuoyerent des Ambassadeurs à Albert. On leur donna la paix au nom du Roy des Romains, à condition de payer vne

grande

grande ſomme de deniers au Duc. Cela ſe fit au mois d'Aouſt enuiron la feſte de l'Aſſomption noſtre Dame, l'an de la natiuité de noſtre Seigneur M.CCCC.LXXXIX. ayant ce muement duré plus d'un an.

Comme à Middelbourg en Hollande bruſla le beau monaſtere de Premonſtre, & la loüange de l'Abbé qui eſtoit lors.

CHAP. CLXIII.

ENVIRON l'an M. CCCC.XCII. le monaſtere de Premonſtre de Middelbourg en Zelande fut bruſlé. Et par le feu fut perdue vne belle bibliotheque pleine de toutes ſortes de liures. Aiourd'huy la maiſon ſe voit reparee plus magnifique que deuant: car vous diriez que c'eſt vn palais ou quelque maiſon royale. Maintenant Maximilian de Bourgongne en eſt Abbé, qui comme il eſt de grande & noble maiſon, auſſi eſt il pourueu de fort bonnes mœurs, & fort ſcauant & eloquent. Et combien qu'il ſoit ieune, ſi eſt-ce que je me reſ-ioüis que la Zelande, qui eſt mon païs, ait vn Abbé qui ait tant de graces & de dons de Dieu.

R   DE

DE PHILIPPES.

Comme Philippes fut receu Duc de Brabant, &
comme Charles naist à Gand.

CHAP. CLXIIII.

VELQVE temps apres estant l'Empereur Federic decedé en Alemaigne, Maximilian reuint en nos païs auec sa nouuelle femme fille du Duc de Milan. Philippes & Marguerite ses enfans, estans lors en la fleur de leurs ans, le vinrent salüer estant à Mastric, & se conjoüir auec luy de sa bienuenue, & comme il s'en alloit à Louuain, ils l'accōpagnent. Ce Philippes lors agé de seize ans en la presence de son pere est receu en la principauté de Brabant. Chacun luy fit le serment de fidelité & obeissance, mais auecque tant d'alegresse, qu'on ne peut d'auantage. C'estoit l'an de nostre redemption mil quatre cens nonante & quatre. Par apres & l'an mil cinc cens enuiron la fin de Feurier il nacquit vn fils au Duc Philippes, qui estāt baptisé sur les fonds de saint Iean en la mesme ville fut nommé Charles par ses parrains. Moy estant encor enfant, & estudiant à la langue Latine en ceste ville sous Pierre Schot hóme fort docte, je vey qu'à la naissance de cest enfant il n'y auoit coin en la ville, où lon n'eut dressé des theatres & des arcs de Triomphe.

Comme

PHILIPPVS III. PVLCHER DVX BRAB.

Comme Harderuic fut bruflé, & du tremble-
ment de terre qui aduint en
Brabant.

CHAP. CLXV.

'A N de noftre Seruateur mil cinc cens trois aduint ce grãd & miferable embrafemét en Gueldres de la ville de Harder-vvic. Le dernier jour de Iulliet les Eglifes, les Abbayes, les maifons publiques & priuees de cefte ville fi hautement & fuperbement efleuees furent trois jours entiers à brufler. Il aduint lors vne chofe digne de cõpafsion, car beaucoup d'hommes mou-rurét accablez fous les ruines des maifons, beaucoup par la fumee eftouf-fez dans les caues, où ils s'eftoyent retirez contre la fureur du feu. Le jour d'apres on trouua des enfans de deux, de trois ans morts auec les meres. Le feu s'eftoit fi auant efpandu, qu'à grande peine en toute la ville il y refta cinc ou fix maifons particulieres. Au mefme temps à Gorcon petite ville de Hollande deux cens maifons par vn accident de feu foudain, & en vn village de VVeft-Flãdre quatre cens maifons bruflerent. Et l'an d'apres le bruflement de Harderuic vne femme à Dauenter enfanta deux filles, qui n'auoyent qu'vn ventre, & conjointes enfembles depuis le milieu de la poitrine jufques en bas, au refte ayant deux teftes, quatre bras, & qua-tre pieds. Au mefme an aufsi en Brabrant & aux païs voifins enuiron les dix heures de foir la veille faint Barthelemi il aduint vn tremble-ment de terre, qui toutefois ne fit aucun mal à noftre païs. Hors les maifons perfonne ne courut fortune de fa vie, en nulle part les arbres ne furent arrachez, en nulle part les maifons ne tomberent, perfonne ne fut bleffé, perfonne accablé par leurs ruines.

Comme Philippes s'achemina en Espaigne, & de sa mort.

CHAP. CLXVI.

DE noftre temps Philippes alla deux fois en Efpaigne, vne fois par terre, & paffant par la France. Comme il s'eftoit entré fur la frontiere, le Gouuerneur de Picardie homme de grand lieu alla au deuant de luy auec toute la noblef-fe du païs,& le bienueigna de la part du Roy,& luy dit qu'il fut le bien venu. On le receut à Paris non comme vn nouuel hofte,mais comme quelque diuinité venue du ciel. Iamais la France n'a fait de plus belles entrees à fes Rois,qu'elle fit à Philippes. On reprefenta des jeux ma-gnifiques par toute la ville, le Parlement alla au deuant deluy,le Recteur de l'Vniuerfité & tout le Clergé. Et à fin qu'à ce nouuel aduenement cha-cun fe refentit du plaifir,on relafcha mefmes des criminiels, & leur donna lon impunité. Et pource que le Roy auoit mandé qu'on le receut comme luy mefme,ayant fait plus qu'il ne leur eftoit commandé, pouffez d'ami-tie il fembloit qu'ils le prepofoyent au Roy. Le Roy eftát à Blois le receut auffi auecque grand honneur en fa maifon. Cela eft memorable, que s'en allant à Tours, le Roy le conduit à cinc cens pas de Blois, & le defraya luy & tout fon train,combien qu'il fut tref-grand. Il fut pareillemét receu fort royalement en Nauarre. Ayant ainfi paffé toute la France, il entre dans l'Efpagne. Qui pourra dire les triomphes qui luy furent faits en chaque païs, en chaque ville, en chaque bourg? Le Roy Ferdinand fon beau pere, eftant lors en vne vieilleffe belle & vigoureufe,vint au deuät de fon gendre, qui eftoit en la fleur de fon age ; jufques à vn lieu, qui eft entre le village Oleas & Tolede. Et l'ayát falüé le mena à Tolede loger en fa maifon royale. Quinze jours apres il eft receu pour Prince de Caftille, & peu apres le 26. Decembre il eft auffi receu en la ville d'Arragogon. Cela fait fa femme Ieanne luy donna vn fils,que les parrains nommerent comme fon ayeul maternel. Ayant donc efté ainfi en Efpaigne, & reuenant par la Fráce auec mefme honneur que deuant,il vint en Sauoye, où il fut receu de Margue-rite fa fœur bien-aimee auec vne magnificéce incroyable. De là il viét en

R 3

Ale-

Alemaigne, à fin de faire enuers son pere, ce qu'il auoit fait enuers sa
sœur. Il auoit visité sa sœur, le voy-là qui visite son pere. Et n'y a point
de doute, que le pere n'eut au cœur vne tres-grande joye, de voir son fils
Philippes qu'il aimoit vniquement acreu de tant de Seigneuries. Apres
auoir veu son pere, il reuint en son païs, où lon luy fit à chaque ville de
belles entrees, combien qu'il l'auoit defendu, & bien souuent pour espargner les frais il entroit dans les villes sans qu'on y pensast: Ie le vey moy e-
stant enfant quand il entra à Louuain, où le Senat, le Recteur, & le Clergé
alla au deuant. Erasme a composé vn docte Panegiric du voyage qu'il
fit en Espagne. Voy-là quant au premier voyage. Le second fut au mois
de Ianuier & par mer. A grande peine estoit il en haute mer, qu'il suruint
vne grande tempeste. Ie trouue qu'il y eut quelques nauires submergees
par la fureur des ondes : ce pendant que Philippes & ceux qui estoyent a-
uec luy n'attendoit d'heure à autre que leur derniere fin . Neantmoins
par la volonté de Dieu luy & le reste de ses nauires ayant esté porté en Angleterre, il est receu contre son attente par le Roy d'Angleterre fort magnifiquement & auec vne alegresse incroyable, & aplaudissemét du peuple d'Angleterre, qui accouroit pour le voir. Ayant là demeuré quelques
jours, le vent se presentant fauorable il single en Espaigne, où apres qu'il
fut derechef receu auec toutes les honestetez qu'on pourroit dire, il
meurt le 26 jour de Septembre le 28 an de son âge. Ceste mort aduint
mil cinc cens six. Or ayant esté diuulgué, il y eut vn grand dueil en Brabant & en tout le païs-bas. Car il n'y eut personne de ses subjets qui n'en
pleurast: D'autant que ce Prince estoit nay pour le bien de tous. Il
n'auoit qu'un seul desir, cest de veiller pour autruy, & de proufiter à autruy. Le proufit du païs il l'apelloit son gain. Il aimoit la liberté de son
peuple. Il ne tendoit à autre fin qu'à rendre la paix perpetuellement. En
quoy il faisoit bien: Car tous les maux du public prennent leur source de
la guerre. Deuant qu'il mourut il parut vne Comete cheuelüe, qui dura
enuiron dix-huit jours au mois d'Aoust. Ie croy que cest fable, ce que
quelqu'vn a escrit estre aduenu lors à vn enfant de Holande, qui estant encore dans le ventre de sa mere pleura plus de douze jours. Par ce presage
on signifioit les maux, dont ceux de Gueldres par apres ont affligé la
Holande.

Comme

Comme Philippes alla contre les Gueldrois.

CHAP. CLXVII.

LE mesme Prince au parauant que d'aller en Espaigne pour la secôde fois, se resolut par l'aduis de ses Barons de repeter le païs de Gueldres les armes en la main, sçachant bien qu'ayant cela, il n'y auoit aucun de ses ennemis qui ne fut moindre que luy. Donc estant parti de ses païs auec de belles & gaillardes troupes, tant de pied que de cheual, il vint droit à Arnem, qui est vne ville de Gueldres, qu'il afsiege, & les habitans de laquelle estant espouuentez luy ouurent incontinent, & se submettent à son obeïssance, Y estant entré il tint ce qu'il leur auoit promis, & ne fit tort à pas vn, ni prit aucune chose, & ne despoulla personne de ses biens. Qui fut l'occasion que beaucoup d'autres villes se rendirent volontairemét à luy. Il sembloit qu'en peu de jours il deut prendre tout le païs de Gueldres, n'eut esté que desirant aller en Espaigne il fit la paix. On dit qu'elle se fit à ces conditions, que les villes par luy prises ou rendues luy demeureroyent, & que Charles Prince de Gueldres s'en viendroit auecque luy en Espaigne. Mais comme tout estoit prest pour cheminer, le Gueldrois ayât chágé d'aduis, s'excusa du voyage pour je ne sçay quelles affaires. Dont il aduint qu'il ne tint pas ce qu'il auoit promis. En ce mesme temps cest excellent Prelat Iean d'Horne Euesque du Liege vint à deceder, & par l'entremise & faueur du Roy de France y fut mis Erard de la Marque, maintenant Cardinal, & du conseil de Charles Empereur, homme grand & de conseil & d'eloquence.

Comme les Gueldrois viennent en la Campaigne, & la pillent, prennent Thenes, & font finalement defaits ès Ardennes.

CHAP. CLXVIII.

PHILIPPES estant decedé en Espagne, Charles Prince de Gueldres ne gardant pas le traité de paix fait auec luy, entre en la Campaigne auec vne armee, & vint à Tournout, qui est vn des plus beaux bourgs du païs.

païs. Là les soldats faschez que les hommes s'en estoyent fuïs, prennent les femmes, & les amenent prisonnieres. L'an ensuiuant, qui fut de nostre salut mil cinc cens sept au mois de Septembre, ce Charles Prince de Gueldres & Robert de la Marque, frere de l'Euesque du Liege qui est à present, vindrét en Brabāt pour assieger Diest, mais par la valeur du Cōte de Nassau & des habitans ayant esté repoussez, ils s'en allerent ailleurs. Ayant brusléHal, qui est vne petite ville, ils assiegent Thenes, & la prénent le jour saint Michel. Entrez dedās ils la pillét de sorte, qu'ils ne pardónoyét ni aux Eglises ni aux choses sacrees. Plusieurs & sans discretió de sexe ni d'age furét partie tuez, partie emmenez à Ruremōde en Gueldre, où ils ont suporté toutes especes de maux. Et ce qui est estrange, l'ennemi ayāt par plusieurs jours rauagé le païs, il n'y eut personne qui allast au deuant. On mit garnison à Louuain, qui n'en est essloigné que d'une lieüe & demie. Que si les Gueldrois l'eussent essayé, n'y ayant personne qui la secourut, facilemét ils l'eussét emportee. Sur la fin d'Octobre ils laisserét Thenes, qu'ils auoyét prise. Six cens cheuaux François ou d'auantage, qui s'estoyét reposez dans les Ardennes sur la suruenue de la nuit, furent defaits par ceux de Namur, qui ayant coupé la gorge à leurs sentinelles, en mettent vne partie en fuite & l'autre à mort, estant las du chemin, & chargez de butin, & d'ailleurs enseuelis dedans le vin & le sommeil.

*Des ambassades enuoyez à Maximilian, & de la
ville de Venlo assiegee par le commandement de Marguerite.*

CHAP. CLXIX.

PENDANT que les Gueldrois couroyent & en Hollāde & en Brabant, je trouue qu'il y eut des Ambassadeurs enuoyez en la haute Alemagne à l'Empereur Maximilian, pour luy presenter le gouuernement de Brabant & des autres Prouinces voisines. Car alors Charles fils de Philippes estoit vn enfant n'ayant pas encore peut estre huit ans. Or l'Empereur ne pouuant soudain, pour ses grandes & importantes affaires, y venir, il y preposa sa fille Marguerite, jusques à ce qu'estant luy mesme venu en personne il en prendroit le gouuernement. Mais deuant que le

Prince

Prince fut arriué d'Alemaigne en Brabant, on recommença à faire la guerre aux Gueldrois. Pource que le Duc de Gueldres auoit pris quelques marchans d'Anuers allant à la foire de Francfort. Et c'est pourquoy Marguerite fit leuer soudain vne armee, & voulut que lon allat assieger Venlo en
Gueldre. Toutefois les habitans, qui estoyent dedans, firent si bié, que lon
ne fit rien en la ville. Le siege auoit duré quelques semaines, quand l'armee se retira, non sans deshonneur. Ceux de Gueldres voyant l'ennemi
retiré du païs, triomphant de la victoire passoyent la Meuse auec de belles
troupes, & ayant trouué les habitans de Bosle-duc, qui aussi estoyét sortis
en armes de leur ville, ils les prennent prisonniers, & les mettent à grosse
rançon.

Du retour de Maximilian des Alemaignes en Brabant.

CHAP. CLXX.

NOS affaires allant ainsi, Maximilian arriua d'Alemaigne, qui ayát
pris le gouuernement de Brabant à Louuain, conuoque à Bruxelles les principaux des villes. On tire encore de grands deniers du
peuple sous couleur de la guerre de Gueldres. Maximilian apres auoir
consolé par lettres vaines & de nul proufit les habitans de Bosle-duc, au
par auant mal traitez par les Gueldrois, & qu'il leur eut promis secours, il
s'en courut incontinent à Cologne, où il y auoit vne diètte des Princes
d'Alemagne. Le Prince absent, les Gueldrois reuindrent és environs de
Bosle-duc, où ils se portent plus en voleurs qu'en soldats, & jusques aux
portes de la ville ils ruïnent tout, mesmes ilz mettét le feu dans les moulins
à vent, qui sont pres de la ville.

Comme le Roy d'Angleterre vient à Calais auecque vne grande armee, assiege Theroüenne & Tournay.

CHAP. CLXXI.

L'AN mil cinq cens treze Henri huityesme Roy d'Angleterre descen-
dit à Galais auec vne grande armee, & passa en Flandres pour faire la
guerre aux François. Moyennát l'or & l'argent, qu'il auoit aporté en gráde

quantité,il fit en forte que non feulement l'Empereur Maximilian, mais toute la noblefse de Brabant,de Flâdres, & de Holande refolut de le fuiure. Maximilian tua en partie & en partie mit en fuite des troupes de cheual fort leftes & de bône infanterie,qu'on enuoyoit de France à Theroüanne, pource qu'on penfoit qu'il le deut afsieger, dont il y en eut CCCL de pris: entre lefquels il y auoit quelques gentilf-hommes Frâçois. Il y eut neuf enfeignes perdues,de chariots de bagage cent cinquante qui furent amenez. Apres cela l'Empereur & le Roy d'Angleterre deux braues Princes joints enfemble commencerent à afsieger Theroüanne auecque toutes fortes de pieces de batterie, & jetterent par terre vn grand pan de la muraille. Et comme la peur fe fut mife en la ville, elle fe rendit à condition, qu'elle ne feroit pillee.l'Empereur entre dedans, il la ceda au Roy d'Angleterre. Par apres Tournay fe rendit. Beaucoup des citoyens de cefte ville, pour ne fouffrir plus long temps l'infolence du foldat, fe retirerent en Brabant & en Flandres. Le Roy d'Angleterre maiftre de la ville y fait baftir vn fort chafteau non fans grâds frais,& prend pour ce faire plufieurs maifons de la ville. Il y mit garnifon,qui y fut touf-jours, & jufques à ce que la ville retourna en la main des François. Ajourd'huy elle obeit à l'Empereur Charles, l'ayant conquife depuis fur les François.

Comme les Efcoffois font tuez en Angleterre.

CHAP. CLXXII.

PENDANT le temps que lon prenoit Theroüenne & Tournay, Iaques Roy d'Efcoffe fe jetta dedâs l'Angleterre auec vne armee,& pêfoit que le Roy abfent toute l'Ifle fe rendroit à luy. Mais quand on en aduertit la Roine,

Femme de grand courage,& qui auoit en fomme
La valeur & le foing que peut auoir vn homme,

ayant fait vne armee en toute diligence, elle donne bataille à l'ennemi, & la gaigna. Les Efcoffois font mis en fuite. Le Roy y mourut, luy qui éftoit encore jeune, & auec luy grand nombre de noblefse. Quelques vns
difent

disent que l'Escossois vint en Angleterre, à fin de destourner l'orage de la guerre, qui alloit tombant sur la France, & qu'il reüint en son Royaume, esperant faire chose agreable au Roy de France.

DE LA NOVRRITVRE
de Charles.

CHAP. CLXXIII.

APRES que Charles fut nay à Gand, Philippes son pere fut fort soigneux qu'il fut mis ès mains de nourrisses qui fussent femmes de bien, & qui craiguissent Dieu. Car il n'y a homme si bien nay, que la nourriture mauuaise ne corrompe, & ne sert rien d'auoir engendré vn fils pour estre vn grand Monarque, s'il n'est nourri comme on doit vn Monarque. Depuis Philippes mort en Espagne, Maximilian le pere grand eut vn grand soin de scauoir à qui il bailleroit à gouuerner le premier age de ce jeune Prince, pour estre dignement apris aux bonnes lettres, & aux bonnes mœurs. On choisit de tout le païs Guillaume sieur de Cheures, & Adrian Florent, qui lors estoit Chancelier de l'Vniuersité de Louuain: Tous deux hommes sages & entiers, & lesquels (comme j'ay oüy dire) firent bien leur deuoir d'instruire ce jeune Prince, & n'auoyent regardé leur proufit particulier, mais celuy du public.

S 2   Comme

CAROLVS V. IMPERATOR PHIL. III. F.

Comme Charles fut Duc de Brabant.

CHAP. CLXXIIII.

DONC Charles eſtant ainſi nourri & enſeigné, apres auoir attaint l'age de 15 ans, fut eſtabli au Duché de Brabant, comme
auoit eſté ſon pere, ſon ayeul, & ſon biſayeul , & le fut non au
conſentement d'une ſeule ville, mais de tout le païs . Car ayāt
conſideré les façons de Charles, lors qu'il fit le ſerment, chacun ſe promit
lors que ce ne ſeroit pas ſeulemét vn Traian, ou vn Antoninus pius, ou vn
Epaminōdas, (leſquels, comme je croy , encore qu'ils furent gens de bien,
auoyent de grands vices) mais ils le penſoyent auoir tel , que Dieu deſcrit
vn Prince au Deuteronome, c'eſt à dire vn bon & religieux Prince, ſous
lequel & à ſon exemple ils pourroyent deuenir plus gens de bien. Car on a
touſ-jours creu, qu'il n'y auoit eſtoille ni fatalité quelconque qui tournat
plus viſtement les affaires humaines, que la vie d'un Prince tourne les
mœurs & les eſprits de ſes ſubjets. Donc il fut eſtabli Duc de Brabant l'an
du ſalut humain mil cinc cens quinze.

Comme Charles eſtant à Middelburg en Zelande, les Gueldrois vinrent à piller quelques villes de Holande.

CHAP. CLXXV.

DEVX ans aprés, & la guerre de Gueldre durant encore, Felix le
Conte ayant bruſlé les nauires de ceux de Gueldres, prit de force vn
fort chaſteau, dont ils nous auoyét beaucoup incōmodé. Au meſme
temps Charles eſtant à Middelbourg en Zelande, à fin de s'en aller au premier vent propice en Eſpaigne, les Gueldrois auec bon nombre de cauallerie & d'infanterie entrant dans la Holande, prennent de force Medelblic,
& là pillent. De là ils vont à Alcmar, laquelle priſe, ils remporterent vn

S 3

grand

grand tas d'or & d'argent, force beaux habits, & plusieurs autres choses. De là ils mettent le feu à Sparendam, & en plusieurs autres lieux.
Pour laderniere main ils menent leur armee à Aspera, laquelle donne trois
assauts, & trois fois est repoussee par les habitans. Et desja les Gueldrois
auoyent perdu mil cinc cens hommes, quand ceste petite ville estant prise, la rage du soldat tuä maris, femmes, & enfans, qu'elle entassoit l'un sur
l'autre. Mesme les Eglises, ou beaucoup s'estoyent retirez, furent pollues de
sang humain. Les petits enfans estant à l'escole sont pareillement inhumainement massacrez. Or ces cruautez ayant esté faites sur les habitans,
non contens de ce, ils prennét les filles & les femmes, & les violent. Ie vous
voudrois bien demander, Seigneur d'Egmont, puis que c'est par vostre
commandement que le soldat a fait tant de meschancetez, ne vous en estes
vous point repenti puis apres? Si vous voulez auoir la reputation d'estre
vaillant, il ne falloit pas seuirde telle sorte sur les vaincus. La cruauté n'a
rien de commun auec vn vaillant cœur. Le grand courage doit pardóner
au peuple qui est innocent. La grande fortune retient tousjours ce qui
est honeste & raisonnable.

Comme Charles s'achemina en Espagne.

CHAP. CLXXVI.

APRES que Charles eut séjourné en Zelande enuiron l'espace
de trois mois, à la fin le bon vent s'estant leué il entre en son
vaisseau, & monté sur mer il veit deuant ses yeux vn horrible
spectacle: car il veit perir deuant luy vn nauire qui fut entierement bruslé. Il y auoit dedans force gens & force cheuaux excellens
tant de beauté que de taille. Huit jours apres il arriue en Espaigne, &
quasi par toutes les villes il est receu auec vn grand honneur & grande ac-
clamation, & est declaré Roy de tous les Royaumes qui y sont; & en
quelque lieu qu'il alloit, il voyoit par tout l'amour du peuple & la bienvueillance enuers luy.

Du trespas de l'Empereur Maximilian, & de plusieurs autres choses dignes d'estre sceües.

CHAP. CLXXVII.

L'AN de salut M.D.XIX. au mois de Ianuier l'Empereur Maximilian ayant attaint l'age de 63. ans mourut en la haute Alemaigne. Ce qu'estant sceu en nos païs-bas, il y eut bien du dueil par toutes les villes. Car on l'aimoit fort pour sa clemence, pour sa debonnaireté, & pour estre esloigné de toutes voluptez. Lequel pour faire vn sommaire de sa vie, tous-jours ayant esté aux armees l'espace de neuf ans, acheua cinc grandes guerres, celle des François, des Liegeois, de Cleues, de Holande, & de Theroüiane. Durant icelles beaucoup de braues nations, & de peuples tant belliqueux, & de belles villes furent prises & amenees par luy à penitence. De quoy ni Charles son gendre, ni Philippes son beau pere, ne peurent jamais venir à bout. Combien d'hiuers passa-il sous les tentes? Combien d'estez sous la sueur? Qui est-ce qui scauoit mieux câper, mieux auitailler, mieux tromper l'ennemi. Il n'y auoit charge en l'armee dont il eut honte. Combien de fois a il gardé les enseignes? Combien de fois a il esté en sentinelle? Combien de fois a il porté le pieu? Combien de fois a il esté descourir? Encore ceci ne se doit mettre le dernier, qu'il aimoit infiniment les lettres & les beaux esprits, & que non seulement il a fauorisé les sciences, mais il les a nourries & les a promeües. Nul Prince de son temps ne passa sa jeunesse ni plus deuotieusement, ni plus innocemment, ni plus sainctement. On ne veit onques vn enfant plus obeïssant à son pere. Les miseres, qui depuis aduindrent, le firent regretter d'auantage.

Comme Charles fut esleu Empereur, & de son voyage en Allemaigne, & de la condemnation de l'herisie de Luther.

CHAP. CLXXVIII.

AV lieu de Maximilian Charles, qui estoit fils de son fils, du consentement des Electeurs fut fait Empereur. Il estoit lors en Espaigne. Et par vn Ambassade, qui luy fut enuoyé, ayant esté mandé, finalement

l'an

l'an M.D.XX. il arriua en Flandres enuiron le premier jour d'Auril. Ayant
là passé son esté en partie,& partie à Bruxelles & à Malines,à la fin auec le
bruit de sa fortune il vint à Louuain au mois d'Octobre.Où ayant seiour-
né enuiron vingt jours, il s'en alla à Aix la Chapelle. Et apres y auoir esté
receu auec infinité d'honneurs,& couronné Empereur,il vint à Cologne,
& de là à Vormes. Nul Prince ne fut receu jamais auec plus de faueur, &
auec plus de despence des villes.On ne fit jamais tant de triophes. A Vormes,qui est vne belle ville d'Alemaigne,les Princes d'Alemagne ayant fait
vne diëtte, l'heresie de Luther y fut condamnee. De quoy fait foy l'edict
qu'il en à fait.

De la mort du Cardinal de Croy & de Guillaume de Cheures, & de la guerre qui fut entre l'Empereur & les François.

CHAP. CLXXIX.

HARLES Empereur durant la diëtte de Vormes perdit deux
ornemens de sa court, Guillaume de Croy Archeuesque de Tolede & Cardinal, qui de Louuain ayant suiui Charles en Alemaigne, que lon auoit esleu Empereur, deceda jeune en la ville
de Vormes au mois de Ianuier en l'an de son age 23. A saint Pierre de
Louuain du costé du marché il y a vn vitre qu'il a donneé.En la mesme
ville mourut aussi Guillaume de Cheures, oncle de cest Archeuesque de
Tolede, homme de grand conseil, & enuiron le mois de May estant tombé malade,non long temps apres il deceda. Que si Dieu luy eut dóné longue vie, ou bien la guerre n'eut jamais esté encommencee (car il estoit
homme qui aimoit la paix) entre Charles & le Roy de France, les deux
plus puissans Princes de la Chrestienté,ou bien elle eut esté bien tost finie.
Au commencement de laquelle guerre ayant les nostres emporté de prim-
saut quelques petites villes,ils tournerent teste auec leur armee, qui estoit
grande,droit à Masieres, pour la prendre. Mais ils ne peurent, estant la
place forte, & renforcee d'vne bonne garnison. Quelques vns pensent
qu'on alla à Masieres,pour empescher que le Roy de France ne secourut
Milan,lequel estoit assiegé de l'Empereur.

De

De la mort du Pape Leon dixyeſme, & de l'election d'Adrian ſixyeſme, & de ſon treſpas.

CHAP. CLXXX.

'AN enſuiuánt & àu mois de Decembre Leon dixieſme Pape mourut à Rome, au lieu duquel & l'an M. D. XXII. de noſtre redemption au mois de Ianuier fut fait Pape par la prouidence de Dieu Adrian, nommé au par auant Florent d'Vtreċt, pource qu'il eſtoit d'Vtreċt en Holáde, luy qui par-auant eſtoit Cardinal du titre de ſaint Iean & ſaint Paul, homme fort ſcauant aux lettres ſaintes, & amplement doüé de toutes vertus, & lequel eſtant a Louuain l'Empereur Maximilian lenuoya querir, pour inſtituer la jeuneſſe de ſon petit fils. C'eſt le premier de noſtre païs, depuis ſaint Pierre, qui ait eſté Pape, & ſe nomma Hadrian ſixieſme, luy ayant gardé le nom qu'il auoit eu à ſon bapteſme. Quand il fut eſleu du conſentémét des Cardinaux il eſtoit lors en Eſpaigne, & gouuernoit les eſtats de l'Empereur, car l'Empereur eſtoit dehors pour les affaires de l'empire. Et huit mois apres venu à Rome il eſt couronné le dernier jour d'Aouſt, au grand contentement d'un chacun. Mais à ſon arriuee il y eut vne grande peſtilence, qui dura le long de l'hiuer. Et Rhodes fut priſe du Turc. Et croy que les diſſentions inteſtines des Princes Chreſtiens furét occaſion de la prendre. En ce perſonnage fut accompli & trouué treſ-vray ce que lon dit, *qu'és choſes humaines plus elles ſont bonnes, moins durent elles.* Car commé ſon pontificat deuoit eſtre treſ-bon, auſsi dura il peu. Car il mourut la ſecóde annee qu'il fut Pape. Son corps fut enſeueli & aporté à ſaint Pierre, & fut mis au milieu de deux Papes Pies, entre le ſecond qui fut Aeneas Siluius, & entre le troiſyeſme qui ſucceda à Alexandre, & lequel j'ay peu voir moy eſtant enfant, mais qui mourut le vingt-ſixieſme jour apres ſon pontificat. Hadrian donna ſa maiſon, qu'il auoit fait baſtir magnifiquement à Louuain, en faueur de ceux qui eſtudiroyent en Theologie, & leur laiſſa des rentes pour les nourrir. Maintenant je reuiens à la guerre, que j'ay dit s'eſtre leuee entre deux puiſſans Princes.

T   Du

Du memorable siege de Pauie, qui aduint M.D.XXIIII. le premier d'Octobre par le Roy de France François premier contre Charles l'Empereur, & qui fut leué enuiron le premier de Mars de l'an ensuiuant.

CHAP. CLXXXI.

E Roy de France François premier s'esleua contre Charles cinquiesme Roy d'Espagne, & ja esleu Empereur puissant,& par mer & par terre, soit qu'il fut marri qu'il eut esté preferé à l'empire, car il auoit enuoyé plusieurs ambassades aux Electeurs pour ce subject,ou bien qu'il cherchoit par là occasion de se faire paroistre. Car ajourd'huy les Rois qui font profession d'estre Chrestiens se sont persuadez, qu'il n'y a autre chemin pour perpetuer leur memoire,que de se guerroyer l'un l'autre, ou plus tost que de se brigander l'un l'autre. Donc au commencement de ceste guerre les François prirent sur nous quelques places , & nous en primes sur eux. Chacun des Chefs d'un & d'autre costé en fit tout son deuoir. On peut cognoistre ce que pouuoit la fortune, ce que pouuoit l'esprit d'une & d'autre part. A la fin l'Empereur osta Milan au Roy de France. Et estoit l'an M.D.XXIIII,quand au mois de Septembre l'armee de l'Empereur vint assieger Marseilles,qui est vne belle ville & ancienne de la Gaule, qui est outre les Alpes.Les Chefs de l'armee imperiale estoyent Charles de Bourbon, qui pour causes tref-justes auoit laissé le Roy de France, & le Marquis de Pescaire,ainsi vulgairement nommé , tous deux personnages fort prudens à donner conseil & à l'executer, Le Roy de France alors ayant de toutes les parties de l'Europe fait venir de bons hommes,& composé vne grande armee,pour faire leuer le siege de Marseille. Dequoy estât aduerti les Chefs de l'armee imperiale,leuerent le camp,& s'en allerent ailleurs. Car le Roy de France estoit plus fort:Lequel ayant esté aduerti que tout le Piedmont estoit perdu de pestilence, & que le mal augmentoit de jour à autre, se delibera auec la belle armee qu'il auoit de passer en Italie. Or pensoit il facilement & en peu de jours s'assubjectir vne bonne partie d'icelle. C'est pourquoy ayant passé les Alpes auec vne diligence incroyable,
ble,

ble,il s'en vient à Milan enuiron le mois d'Octobre. Aussi de la part de
l'Empereur on ne faillit pas de s'y trouuer en grande haste. Ceux-ci se jettent dans Pauie,anciennemét appellee Ticinum.Les chefs de l'autre se jettent dans Milan, pour y loger le Roy & son armee. Comme ils executoyét
cela,Fernand d'Achon, qui commandoit à l'armee de l'Empereur, leur est
dessus les bras,& les defait. Quelques vns sont tuez, les autres s'eschapét.
Quelque temps apres le Vice-roy de Naples auec ses troupes y arriue. On
ne sçauroit dire,comme son arriuee fut joyeuse à la ville. C'estoit le dessein des chefs d'amener là toute l'armee,& defendre la ville,si les François y
vouloyent atenter.Mais estant mal accommodee & de fossez & de murailles,& n'y ayant aucune artillerie ni sur les tours ni sur les rampars, l'ayant
laissee, ils viennent à Laude.Et par apres Antoine de Leue homme habile
vient à Pauie,car je la veux nómer de son nom vulgaire. Et combien que
l'esté de deuant la pestilence eut fait mourir infinité de citoyens, si est-ce
qu'il pensa bien de la pouuoir defendre contre les François. Dónc estant
aduerti qu'enuiron le premier d'Octobre on auoit veu les coureurs de l'armee Françoise,qui venoyent descouurir jusques pres de Pauie.Antoine de
Leue & le Lieutenant de l'armee de l'Empereur ayant, à cheual regardé
toutes les murailles, fait fortifier ce qui estoit besoin,fait venir de l'artillerie de toute sortes & forces pierres,pour la charger,dedans il fait dés tran-
chees,& fait tout ce qu'il peut propre pour resister à l'ennemi. Ce pendant
que ce menage se fait en la ville, le Roy de Fráce auecque les Princes & Barons vient le 28 d'Octobre loger au cóuent des Chartreux, qui n'est beaucoup loin de la ville. Et à l'instant son armee commence à assieger Pauie. Les Imperiaux ayant soustenu deux assauts, tuent beaucoup de François,& tournent les autres en fuite. Le lendemain ayant pris tous les faux
bourgs,ils mettent le feu dans quelques moulins, (car ainsi on les nóme)
les autres ils les jettent en l'eau, apres les auoir demolis : & par ce moyen
ils esperoyent qu'en peu de temps la ville seroit affamee. Mais on remedia
à ce mal, & furét inuétees des meules de bois,que les hómes & les cheuaux
tournoyent pour moudre. Vous eussiez veu dans les eglises & dás les esco-
les de droit ciuil, (car ceste ville est vne belle Vniuersité) qu'on y mouloie
la farine.Il y auoit vne tourelle sur la riue du Pau non beaucoup esloignee
de la muraille,par laquelle le soldat Espagnol empeschoit que les François
n'aprochassent du mur. Ce lieu là ayant esté bien disputé, à la fin leurs affaires allant tous les jours de mal en pis, les Espagnols ne pouuant plus se
defendre,viennent à composition de leurs vies,& se rendent.Les François

T 2

contre

contre leur foy firent pendre tous ceux qui s'eſtoyent trouuez en ce lieu.
Le chef de l'armee Imperiale porta cela fort indignement . Quelques ſoldats François entrent dans ceſte tourelle, que les Eſpagnols auoyent rendue,& trauailloyent fort les Alemans, qui de ceſte part gardoyent la muraille. A la fin par le commandement du chef on amene vne artillerie, qui
les releua de ce mal. Car auec pluſieurs coups de canon on jetta la tour par
terre, non ſans perte des François . Le ſixyeſme jour de Nouembre & de
l'aduis commun chacun ſe prepara à l'aſſaut, & ceux qui deuoyent donner
viennent juſques ſur le foſſé bien apareillez. Ceux de dedans ſe remparent
de gabions & de muids pleins de terre, ils font des terraſſes, & ne laiſſent
rien à l'ennemi qui luy puiſſe proufiter. Auſsi de leur part ils n'oublient
rien de ce qu'ils deuoyent faire. En ceſt eſtat eſtant les choſes, on dit que
Hipolite Male-ſpine, femme de grand courage, excitoit ores les Alemans,
ores les Eſpagnols à ſe bien defendre,& tantoſt en general, tátoſt en particulier les appelloit par leur nom, confirmoit les aſſeurez, encourageoit les
craintifs, vſant d'induſtrie pour donner cœur & aux vns & aux autres.
Deux jours apres les murailles eſtant par terre, il y eut vn dur aſſaut, perſonne ne voulant ceder à ſon ennemi . A la fin auec vn gráŭ eſchec les Fráçois ſont repouſſez & tuez, & les vns ſur les autres precipitez dás les foſſez.
Ceſt aſſaut n'eſtoit fait, que de l'autre part de la ville ils en dónét vn autre.
Mais ils font plus de deuoir qu'au premier. Ce pendát Antoine de Leue
Capitaine general en la ville admoneſte ſes gés, qu'il n'y auoit rien de plus
beau, que de combatre pour l'honneur. Qu'ils ſe deuoyét ſouuenir, qu'autrefois ils auoyent vaincu ceux, auec leſquels ils auoyent à faire . De telles
ou ſemblables paroles le ſoldat eſtant encouragé, il ſe reſout plus que deuant, & ſe promet certaine victoire . Les François à la fin & ſur le ſoir furent repouſſez, il y en eut beaucoup de tuez, beaucoup de jettez dás les foſſez, beaucoup meurtris à coups de pierre, qui eſpouuentez de la mort de
leurs compagnons, ſe retirerent en leur camp. De ceſte victoire Antoine de
Leue aduertit le Viceroy de Naples, & laiſſa ce pendant ſes ſoldats ſe re-
poſer & ſe donner plaiſir. Et luy qui ſcauoit n'eſtre pas bien ſeant à vn
chef, qui a charge d'une armee, & de qui depédent tant de choſes, de dormir
toute la nuit, il fait refaire les breſches, fait aporter des pieces de bois & force pierres pour l'artillerie : Et ſe promenant par la ville, il ne veut qu'il y ait
aucun defaut. Partout on remercia Dieu de la victoire, qu'il auoit dónee.
En ce meſme temps Antoine de Leue prit vn homme de cheual, qui auoit
fait entendre au Roy de Fráce, qu'il n'y auoit gueres de poudres en la ville,

& qu'il

& qu’il ne s’endormit : car il eſtoit impoſſible que les aſſiegez reſiſtaſ-
ſent plus longuement. Ceſt homme mis à la queſtion, confeſſa, & fut
tiré à quatre cheuaux, à fin de monſtrer exemple de n’eſtre pas traiſtre. Sur
la fin du mois de Nouembre, les François ayant veu que la part où coule
le fleuue du Pau, (dõt la ville eſt dite Pauie) il n’y auoit ni muraille ni foſſé,
ils ſe reſolurent de deſtourner le fleuue, à fin de venir plus facilement à la
muraille. L’œuure fut eſſayé, & jetta lon dedans le fleuue force trames de
bois, & de rameaux, & de troncs d’arbres. Mais cela ne ſucceda pas, car on
ne peut faire que le fleuue ne ſuiuit ſon canal. Et ce pendant que les François y trauailloyét en vain, ceux de dedãs font vne tranchee, & muniſſent
ce lieu defectueux. Apres cela les Alemans s’en viennent au Chef, deman-
dent les gages, pour ſe veſtir & ſe nourrir. Antoine de Leue ſcachant qu’il
n’y auoit point d’argent, ſe trouua fort empeſché, & penſa pluſieurs mo-
yens pour y ſatisfaire. A la fin il fut ordõné que les drapiers habilleroyent
les ſoldats, & que les habitans les payeroyét, & que le Threſorier de l’Empereur leur rendroit apres le ſiege leué. Mais il ſe leua peu de deniers. Car
en la ville il y auoit peu d’habitans & peu de marchans. Car la peſte auoit
au par auant emporté vne bonne partie des citoyens, & beaucoup pendãt
le ſiege s’eſtoyent retirez de la ville. Donc les Preuoſts de la ville font vendre vne grande quantité de ſel, enſemble le bled qu’ils auoyent eu de preſt
de quelques marchans d’Alexãdrie venus en la ville, qui fut vendu publiquement. Mais de tout ceci ne ſe pouuant faire la paye du ſoldat, Antoine
de Leue fait fondre toute ſa vaiſſelle, & la mettre en monnoye, dont le
ſoldat eſt ſatisfait. O digne & recommandable Capitaine, qui fait fondre
ſon argenterie pour faire la guerre & defendre les pauures citoyens! où les
autres font la guerre pour voler les bourgeois, & pour piller l’or & l’argent des villes. Pendant ce ſiege la diſette commença à croiſtre. Car il y
eut tel defaut de toutes ſortes de viure, que lon mangea les aſnes & les
cheuaux. Ie croy que le mal vint de ce, qu’on auoit aporté nouuelles en la
ville, que le ſecours de l’Empereur viendroit bien toſt : car les Capitaines
auoyent fait forces feſtins de joye, & y auoyent apellé pluſieurs ſoldats,
& de la vint la diſette. Pareillement ne ſe trouuant plus de bois en la ville,
le ſoldat commença à demolir les maiſons. Tant la neceſſité eſt vne
choſe dure. Durant ces maux les François recommencerent à trauailler
les aſſiegez, & reprochoyent aux Alemands eſtant en ſentinelle, qu’ils a-
uoyent mangé de la chair d’aſne. De quoy eſtãt picquez, & ſortis par vne
petite porte proche du Chaſteau de ſaint Eſtienne, ils mirent en fuite

vne

vne troupe de François. Quelques vns adjouſtent, qu'il y eût vn Cordé-
lier, à qui Antoine de Leue ſe confeſſoit tous les ans, que le Roy fit entrer
en Pauie, à fin de parler à Antoine de Leue, de luy rendre la ville, & qu'il
luy donneroit de grands deniers & vn honorable reuenu. Mais le braue
Capitaine, & qui faiſoit plus de cas de ſon honneur que de l'argét, luy dit:
*Monſieur le moine, ſi je ne conoiſſoys que vous eſtes homme de bien & religieux, je
vous ferois ajourd'huy pendre auec voſtre bel ambaſſade. Partant je vous com-
mande de ſortir, & ne me parlez jamais de cela. Vous direz à voſtre Roy, qui vous
a ici ennoyé, que Pauie eſt à l'Empereur. Que s'il veut l'auoir, il faut qu'il l'empor-
te par le fer & par le ſang de ſes ſoldats.* La faim pour tout cela ne ceſſoit pas.
La poulle ſe vendoit vn Philippe, & la famine peu à peu deuint ſi grande,
qu'il ne ſe trouuoit plus de chair ni d'aſne ni de cheual. Et pour-ce que par
chacun jour quaſi les aſſiegez donnoyent juſques au camp des François, &
bien ſouuent ils les prennoyent à l'impourueu, c'eſt pourquoy les Fráçois
firent vne tranchee d'un bout à l'autre de la ville : Et à fin que les eſpions
ne peuſſent plus rentrer en icelle, ni le ſecours ſans donner bataille. Car le
bruit auoit couru en l'armee des François, que ſept mille Alemás venoyét
de ſecours, & qu'ils eſtoyent allez à Laudé, partie logeant dedans la ville &
partie dehors. Pour ce meſme ſubject le Roy de France fit venir Iean de
Medici, hômé braue & courageux, & touſ-jours nourri entre les victoires,
& luy donna de grands gages, luy en promettant encore d'auantage. Lequel arriua au camp des Fráçois le quatrieſme jour de Nouembre. Son
arriuee donna grande eſperance aux Capitaines François de la priſe de la
ville, & hauſſa fort le cœur au Roy : car à ſon arriuee il fit môſtre de quinze enſeignes blanches non loin de la ville, penſant par ceſte nouueauté eſ-
pouuenter ceux de dedans. Par apres ſes gens de pied s'efforcent auec eſca-
lade d'entrer en la ville. Mais les Alemands accourant & donnant contre,
facilemét repouſſent les ſoldats de Medici. Ceſt lors que les Alemans de-
mandent encore leurs gages, leſquels eſtát braues ſoldats, & dont on auoit
beſoin en l'eſtat où lon eſtoit, Antoine de Leue les contenta, ayant pris
argent & du public & du particulier, meſmes il en emprunta des chanoines de la grande Egliſe, il fit fondre les maſſes, que lon porte deuant le Recteur, quand il va aux congregations, & en fit des deniers. Les Alemans
eſtant payez, alloyent alegrement où il eſtoit commandé, & ne refuſoyent
point, eſtant touſ-jours en deuoir. Durant ces jours le bled deuint plus
cher, & les viures en plus de defaillance. Vous n'euſſiez plus veu au marché
ni des perdrix, ni des tourtes, ni des faiſans. Les porreaux & les oignons
eſtoyent

eſtoyent en leur place. Au marché ſeulement de la chair d'aſne & de cheual, le pain de ſon ſe vendoit par toute la ville. Le jour de Noël eſtoit pro-
che, quand Alphóce Duc de Ferrare enuoya vne grande quantité de poudres au Roy de France, & à fin qu'elle fut amenee en aſſeurance, Iean de
Medin alla au deuant ſoixante & dix lieües. Ceſte poudre venuë, le ſoldat
François ſe vantoit qu'auec ſes couleuurines & autres artilleries, & par toutes ſortes d'engins, il batroit la ville. Il y auoit vne fort grande crainte dans
icelle. Les filles & les femmes & les preſtres ne bougeoyent des Egliſes, &
prioyent Dieu de leur donner ſecours. Et en ceſte eſpouuante le cœur reuint aux ſoldats, quãd Antoine de Leue en plein Senat leur recitat les lettres, que le Viceroy de Naples luy eſcriuoit, & qui l'aſſeuroit que le Duc de
Bourbon eſtoit au territoire de Verone auec huit mille Alemãds & ſix cés
cheuaux tirez de la Bourgongne, & qu'il viendroit incontinent. Vn peu
deuant cela il fit vn froid eſtrange, de ſorte qu'on recommença à demolir
les maiſons des bourgeois, pour en faire du feu. Le cinquieſme de Ianuier
les François batent auec artillerie de fonte vne tour, qui eſtoit en la muraille, & apres que par deux jours on ne fit autre choſe, à la fin elle tõba par
terre, mais moitie ſeulement. Ce fut contre l'eſperance que lon auoit. Car
ils eſtoyent reſolu que ſi toute elle réuerſoit, ils donneroyét l'aſſaut par là,
en paſſant par ſes ruïnes: Ce qui eſtoit faiſable, car il n'y auoit point de
foſſé en ceſte part. Peu de jours apres s'eſtãt aheurtez à batre vne autre tour
auec plus de diligence que d'heur, ils en ſont repouſſez auec grande tuerie.
Toutefois ceſt aſſaut ne fut pas ſans couſter cher aux Allemands. Le lendemain les Eſpagnols & Alemans paſſent la tranchee, & de grande fureur
donnant ſur ceux qui gardoyent le canon, ils ſe batent fort. Les vns ſont
tuez, les autres emmenez priſonniers en la ville. On ſceut par eux que le
Roy ne vouloit plus qu'on donnat d'aſſaut, mais qu'il eſtoit reſolu de demeurer touſ-jours au ſiege auecque ſon armee. Et pour-ce qu'ayant ſceu
par ſes eſpions, que dedãs la ville il n'y auoit plus de viures, il eſtoit reſolu,
en leur oſtant l'eſperance d'en auoir, de les contraindre de ſe rendre. On dit
qu'au meſme temps furent trouuez quelques cheuaux en vne eſtable dãs
la ville, qui par faute de foin auoyent mangé leur ratelier, & rongé les pierres. Ie ne voulois pas eſcrire cela, cõme eſtant peu croyable, ſi je ne l'euſſe
trouué dans les memoires d'un qui fut dans Pauie tout le long du ſiege.
Les Allemands pour la troiſieme fois demandant leurs gages, il fut reſolu,
que les poiſſonniers, les bouchers, les apoticaires, & les autres gens de me-
ſtier bailleroyent quelques deniers. Antoine à fin de ne degenerer de luy
                                                                meſme,

mefme, fit fondre vne chaine d'or, qu'il auoit. Quelques Capitaines Efpagnols des plus riches luy preſterent auſsi de l'argent. Auecque ceſt argent
eſtant apaiſé, il fit tout ce qui luy fut commandé. Ie ne parle point ici des
faillies que les aſsiegez firent ſur les François, & les combats qu'il y eut, &
pluſieurs legeres eſcarmouches, eſquelles il y en eut beaucoup de morts
& de priſonniers. Le vingt-ſeptieſme jour de Ianuier le Duc de Bourbon
vaillant Prince & renommé pour ſa valeur ſoudainemét parut aupres de
Laude. De quoy le Roy François aduerti, fit retirer toute l'artillerie qui e-
ſtoit contre la ville, & la fit mener en vn lieu par où il penſoit qu'il deut
venir, à fin de l'empeſcher. Et rappella tous les ſoldats qu'il auoit enuoyez
s'hiuerner dans les petites villes. Ce qui ſe fit tout le mois de Feurier, ſoit
au camp ſoit en la ville, je ne le laiſſe tant, comme je m'eſforce de me
haſter d'eſcrire. Or le Duc de Bourbon & le Viceroy de Naples eſtant re-
ſolus de donner bataille, eſperant, comme il fut, qu'ils en aporteroyent
l'honneur, s'eſtoyent chacũ aproché auecque ſes troupes. Et deſ-ja eſtoit
le 24. jour de Feurier, que lon donna le ſignal de la bataille à ceux de Pauie du lieu le plus eminent de tout le camp : car ils auoyent eſté deſ-ja aſſiegez quatre mois & plus. Dequoy Antoine de Leue fut fort reſ-joüi,
car il auoit grande eſperance de la victoire, & ayant appellé les ſiens:
Ceſt à preſent mes compagnons, dit-il, *qu'il faut auoir du cœur. Suiuons la fortune où elle nous appelle, enflez vous le cœur de voſtre vertu. Où vous me verrez aller, ſuiuez moy.* Celà fait ayant laiſſé gens à garder la ville, il ſort auecque
ſes troupes. Et premieremét ayant rompu d'artillerie en trois endroits le
mur, qui entouroit le camp du Roy, les Imperiaux donnent dans la tranchee. Le Roy ſcachant que l'ennemi eſtoit entré dedans ſon camp dès la
pointe du jour, (qui eſtoit le jour de ſaint Mathias, & le 24 de Feurier)
il commande qu'auec le canon lon aille au deuát, & que lon les repouſſe.
Ce qui eſt fait, le combat ſe donne douteux & cruel, & deſ-ja les François
auoyent gaigné noſtre artillerie, & les Imperiaux ſe retiroyent, quand Alphonce Marquis de Vaſt, homme ſans peur, ſe jette dans les troupes Frã-
çoiſes. De ſorte qu'ayant repris cœur à ſon arriuee, ils redonnent ſur les
Suiſſes, qui ſe trouuoyent là. On n'entendoit que les cris des Imperiaux,
qui crioyent : *Tuez auec l'eſpee, percez auec la lance, abatez auec leſpieu.*
Voy-là comme le combat commença. On dit que le Duc de Bourbon,
Prince de grande prudence, & au fait de la guerre qui ne cedoit aux anciens, dit à ſes gens ce peu de paroles, mais qui eſmouuoyent beaucoup:
*Il n'importe de rien, combien de gens de cheual, combien de gens de pied le Roy a
amenez*

amenez deuant Pauie, veu que souuent vous auez combatu de plus grandes armees. Seulement ayez le cœur gay & ferme. Car vous n'estes pas à l'entree de vos
traueux, vous en estes à la fin. I'espere que vous auez la victoire sur les Francois,
si vous voulez vn peu vous euertuër. Croyez que ie vous ay amenez ici nõ à la guerre, mais au butin. Vous estes dignes de remporter en vos païs l'abondance qui est en
ceste armee. Cela dit le soldat esleua vn grand cri, disant estre prest de le
suiure par tout, soit bon ou mauuais chemin, & que volontiers iusques au
dernier ils iroyent où sa fortune les meneroit. Des-ja Mingueual estoit venu, qui estoit Viceroy de Naples. Luy de sa part aussi exhorta ses soldats à
bien combatre, & qu'il s'asseurat que le iour estoit venu, qu'ayant victoire ils seroyent riches à jamais. Voy-là ce qu'il dit, & autres choses semblables, que disent les chefs d'armee en telles affaires. De l'autre part estoit tout
le camp des François en bataille. Et des-ja les trompettes sonnans le combat se renouuella auec vn grand courage, & l'esperance n'estoit pas moindre des Imperiaux, apuyez sur leur vertu, & les autres sur la multitude. Le
Marquis de Pescaire de la partie de l'Empereur maintenant se presentoit
aux siens, & maintenant il donnoit sur l'ennemi : ores il enuoyoit ses gens
de pied, & les exhortoit de bouche à bien faire, & de la main leur mostroit
qu'il estoit leur compagnon & leur secours en tous dangers. Vous eussiez
veu la le Duc de Bourbon, qui frapoit, qui tuoit, qui couroit contre l'ennemi, qui retiroit les blessez, qui replaçoit de nouueaux soldats. Beaucoup
de cheuaux & d'hommes estoyent blessez d'une part & d'autre, le pieton
contre le pieton, le cheualier contre le cheualier, chacun contre le sien s'af-
frontoyent ou d'espee ou de lance. Le Roy de France qui estoit homme de
guerre, & grand & apparet autant de corsage que d'esprit, combatant valeureusement, tua de sa main vn porte-enseigne soit Alemãd où Espagnol,
on ne scait lequel. L'espace d'une heure l'issue de la bataille fut incertaine,
quand l'infanterie Françoise voyant le grand eschec qui se faisoit des François perdit le cœur, & peu à peu recula, & à la fin se mit en fuite. Tous les
Suisses furent quasi mis à mort par les Alemands, & pareillement tous les
Italiens qui s'estoyent joints aux François. Des Suisses on en conte mil
cinc cens, autant en fut il fait des principaux de l'armee Françoise. Entre
lesquels fut l'Admiral, & son fils le Duc de Montfort, la Trimoulle,
Boisi, Caumont, Busancoy. On voyoit par terre ça & là couchez auecque
leurs cheuaux & les gentils-hommes & les roturiers. Les vns palpitoyent
encores, les autres morts tenant encore l'espee & le bouclier, selon qu'ils
estoyent habilez viuans.

V

Par

Par tout on ne voyoit que cruelle pitie,
Par tout qu'une frayeur auec inimitie,
Et par tout sous l'horreur d'un estrange carnage,
De la hideuse mort paroissoit le visage.

Le Roy de France estoit encores debout exposé à toutes sortes de coups, quãd les siens le priant de se retirer : *Ie n'en feray rien*, dit-il: *Il m'est honorable de mourir ici. Ie suis venu de lieu où lon desire plus tost l'honneur que la vie.* Ayãt dit ainsi, il se jette dans ses ennemis, plus pour se sauuer, que pour esperance de victoire. Mais quand l'arriere garde fut entouree par la cauallerie Imperiale, & qu'il auoit en teste les ennemis, qui le pressoyent à toute reste. A la fin destitué de force & de tout secours, il fut pris, & auec luy le Roy de Nauarre, & plusieurs autres grands Seigneurs, le Legat du Pape, Momoranci, de Florenges, de l'Escu, de Bonneual, de Duraci, de Boisi, Brion, Vaumont, saint Beringe, Saint-memin, Chamoix, Lorges, Naures, Rieux, & plusieurs autres. Quand à l'infanterie, ceux qui la bataille perdue s'efforcerent de fuir, s'estant jettez auec leurs armes dans le Pau, le fleuue les noya. Les autres en pleine campagne rencontrez de l'infanterie furét tuez, les autres pris. Et le nombre en fut si grand, qu'il excedoit ceux qui les prenoyét. Et neãtmoins le Duc de Bourbõ les reuoya tous, apres les auoir despoullez de leurs armes. On conte le nombre des morts les vns à sept les autres à dix mille. Toutefois ceste victoire ne fut à l'Empereur sans grãde perte, car outre les grands Capitaines qui y demeurerent, il y en mourut des siens plus de huit cens. Le Duc d'Alençon Prince du sang François voyant la tuerie des siens, s'eschapa auec quatre cens cheuaux, & à grande course estant venu en France, estant saisi d'une fieure à Lion, il deceda. Dõc les Imperiaux ayant eu ceste victoire, à laquelle je pense qu'il n'y à pas vn des anciens Empereurs qui puisse comparer ses lauriers & ses chariots dorez, ils reuiennent dedans Pauie auec leur butin, & les Rois prisonniers, & quasi toute la noblesse de France, & ils y sont receus auec grandes acclamations & singuliere alegresse des citoyens, qui se voyoyent deliurez du siege. C'est ici où il fut loisible, si jamais, de voir que les affaires humaines ne sont rien, veu que lon vit vn Roy, qui estoit entré en Italie si bien accõpagné de tãt de troupes, & d'une si grande armee biẽ munie & compose de tãt de braues chefs, excellens aux affaires de la guerre, tout soudain despoullé d'armee & de puissance, & en la puissance de ses ennemis.

Des

Des troubles aduenus en Alemagne.

CHAP. CLXXXII.

IE diray maintenant des troubles & remuemens qui aduin-drent en Alemaigne enuiron le mesme temps. Luther en ses pre-sches, qui se faisoyent publiquement, & où il abordoit vn mon-de de personnes, disoit beaucoup de choses contre les Princes, contre les Prelats & les Euesques. Il apelloit l'Empereur vn sac à vers, disoit que les Princes estoyent des tirans, que le Turc estoit plus sage & beaucoup meil-leur que les Princes Chrestiens, & plusieurs autres choses de mesme estoffe. Il escriuoit aussi en ses liures : *O Seigneur deliurez nous de ces tirans. Ie vous prie ostez du monde ces auares & superbes Princes.* Le peuple chatoullé de ces paroles, commença à se reuolter & conspirer contre ceux qui auoyét quel-que gouuernement en la haute Alemagne. L'an M.D.XXV. le premier jour de Ianuier les paisans d'Alemaigne s'estant saisis de picques, de bastons, d'espees, de haches, & autres choses, que la fureur leur mettoit ès mains, s'es-leuent à lencontre d'un Abbé, qui estoit leur Seigneur. Les autres Princes pensant apaiser ce trouble, y perdirent leur peine. Car d'autant plus

Le populaire bas fremit en son courage,
Le feu, la pierre vole, & voit on que la rage
Et la fureur luy met les armes en la main.

De ces petits commencemens le mal occreut si grand, qu'il n'y eut depuis vn seul mois, où il ne se fit vne nouuelle rebellion. Les Lutheriens courât par tout brisoyent les monastères, apres auoir chassé ou pendu les moines, ils despoulloyent les Temples de tous leurs beaux ornemens. De mesme forte s'estât emparez ou pris par forces les Chasteaux des Princes seculiers, ou bien leurs villes, (car ils attenterent le mesme) ils voloyent & empor-toyent tout, de sorte qu'il paroissoit bien que ces remuemens se faisoyent plus tost pour piller, que pour autre cause. Maintenant je veux escrire qui furent les chefs qui s'opposerent à la rage de ce peuple. Et pleut à Dieu que je peusse dire, qui opprimerent ceste multitude.

Le quatrieme d'Auril.

Pres de Leipin sur la Danoüe l'armee de Sueue en tua quatre mille, & beaucoup furent noyez dans le fleuue, autres furent decapitez auec leur Miniftre, qui eftoit Lutherian.

Le 22. du mefme mois.

Le Marquis Cafimir en tua deux mille, en prit beaucoup de prifonniers, il fit trancher la tefte à plufieurs, & les autres il les fit brufler auecque tout le village.

En May le 12.

Les jeunes Palatins ayant chargé le vulgaire, on dit qu'ilsen tuerét bien quatre cens, & qu'ils en firent decapiter 23.

Le 19 du mefme mois.

Le Duc Loüys Conte Palatin ayant fait venir fon armee d'Heidelberg, reprit les villages que les paifans luy auoyent oftez. Il recouura la ville de Bruxelle pour fon frere Euefque de Spire, auquel elle eftoit, & fit trancher la tefte à tout autant qu'il rencótra de cefte multitude.

Le 20 du mefme mois.

Il y eut onze dès chefs de ces paifans qu'il fit decoller, dót il y auoit deux preftres Lutheriens & vn moine apoftat. Et au mefme mois il en mourut enuiron mille, que fit tuer Deipold Steinen.

En Alface le dixhuityefme du mefme mois.

Cefte prophane troupe de gens pilla & briganda toutes les villes qu'elle auoit prifes, ou qui volontairement s'eftoyent rendues à elle, & apres le pillage elle les brufla ou mit par terre. Et def-ja ils auoyent penfé de fe faifir de la Lorraine, quand le Duc Antoine ayant affemblé vne armee en tua quatre mille. Et le lendemain ayant chargé les autres, (car ils voloyent & brigandoyent par tout) il en mit fix mille au fil de l'efpee.

Le 20 du mefme mois.

Entre Tambac & Skouiler il en mit plufieurs en fuite, & plufieurs qu'il tua. Et par apres il eut vne memorable journee cótre eux à Sledftad & Ortemberg. Ceux qui premiers ont efcrit de ce tumulte, recueillent qu'Antoine Duc de Lorraine en fit mourir 26 mille ou plus, & trois cens de prifonniers, qu'il fit decapiter.

Du

Du tumulte aussi aduenu à Turinge.

CHAP. CLXXXIII.

L y eut pareillement du remuement à Turinge, qui fut excité par le vulgaire. Pour lequel rompre ayant esté enuoyé Federic Duc de Saxe, ce pendât qu'il amasse vne armee il meurt le 12 jour de May. Du trespas duquel nous auôs leu vne belle oraison funebre, qui y fut faite. Le Prince de Hesse (c'est celuy que les Alemans apellent le Lantgraue) fit mourir cent hommes, qui suiuoyent l'heresie de Luther, & ceux-là auoyent pillé vne petite ville, & auoyent pris les biens d'un certain Abbé. Et de là allant de ville en ville, lon dit qu'il fit executer par justice tout autant qu'il en récontroit de ceste faction. Mais il n'auoit point de plus grands ennemis, que les Ministres Lutheriens, desquels il en assomma quelques vns à coups de baston, leur ayant rompu la teste. Cela fait il se joint auec les autres Princes. Et enuirô le 15 jour de May ayant donné bataille aux troupes des rustiques, qui s'estoyent tumultuairement campees à Frankenhusen, (car c'est ainsi qu'on nôme le lieu) ils en tuerent enuiron six mille, & en prirent plusieurs prisonniers, les autres ils les firent decapiter par justice. Ce vulgaire s'estoit emparé d'une ville nommee Mulhusen, laquelle en diuers endroits estant assaillie, par les Princes d'Alemagne est à la fin recouuree : On pardonna aux habitans, à condition de remettre le Clergé en ses droits & reuenus anciens, & de raser les murs, les tours, & les ramparts de leur ville, & de deliurer aux Princes leurs armes, leurs artilleries, & la poudre à canon. En plusieurs autres endroits ces rustiques furent aussi tuez, côme de pauures bestes, & jusques à s'en lasser par le Conte Palatin du Rhein & autres chefs. Les seuls Princes, qu'on apelle la ligue en Alemagne, tuerent plus d'onze cens hômes de ces gens-là. Tant en ceste annee l'Alemaigne fut affligee par la folie voire par la rage de ces rustiques, & fut plûs pillee & rauagee, que ne fut onc l'Italie des Goths & des Vandales. On dit Luther que ce fut vous qui fustes cause de tant de maux. I'ay leu les liures de ceux, qui sont de vostre païs, dont l'un vous apelle *moine diffame*, l'autre *seditieux*, l'autre *Diable*, & personne ne vous apelle *Chrestien*. Ie vous prie seulement, que vous reueniez à vous, que vous rentriez au chemin que vous auez laissé,

V 3

que

que vous retractiez tout ce que vous auez escrit côtre la verité de l'Euágile, & que viuant sainctement & deuotement vous puissiez paruenir à ceste vie, laquelle est telle, qu'on ne peut rien desirer ni de meilleur ni de plus heureux.

De la mort de Martinus Dorpius, homme excellent.

CHAP. CLXXXIIII.

ENVIRON ces remuemés d'Allemaigne Martinus Dorpius, grand & excellent Theologien, estant tombé malade à Louuain, meurt le dernier jour de May. En ce seul homme l'Vniuersité de Louuain perdit plus, que lon ne scauroit dire & estimer. Il scauoit singulieremét toutes les fables des Poëtes. Il auoit leu tous les liures des Orateurs & Historiens. Il estoit bon dialecticien. Il scauoit tous les secrets de la Phisique. Quant aux lettres saintes, il n'y auoit rien si haut & si difficile, de quoy il ne disputat subtilemét. O que sa diction estoit elegante & Latine! Et combien de choses il scauoit ès lettres diuines? Bien souuent pour mon deuoir je l'allois voir, & coustumierement l'apresdisnee; mais je ne l'ay jamais trouué que sur ses liures. S'il faisoit beau, il descendoit auecque moy en son jardin, qui estoit proche de son logis. Et ne parloit d'autre chose durát ses promenades, que de lettres ou de bien dresser la jeunesse: car il scauoit bié que c'est à cest age que lon fait les fondemens du reste de la vie. Que diray-je de son innocence? car jamais à son escient il n'offença personne. Il ne porta jamais enuie à aucun. Il ne desira onc que choses bonnes & honestes. Apres sa mort son corps fut aporté aux Chartreux, & là il fut ensepulturé.

D'une sedition qui aduint à Bosleduc.

CHAP. CLXXXV.

NON long temps apres le peuple de Bosleduc se mutina contre le Magistrat. Le Prince auoit demandé quelque argent aux villes de Brabant. Les habitans de Bosleduc ne le voulant payer ni tirer de leur

hostel

hoſtel de ville, & ne croyant point que ceſt argét deut eſtre employé pour
le bié du public, eſtant d'impetuoſité entrét dans les plus beaux monaſteres de la ville, ils le mirent en deuoir de prendre par force ce que le Prince
demandoit. Ceſte ſedition dura quelques jours , mais la Princeſſe Marguerite, qui lors gouuernoit, eſtant entree en la ville, l'apaiſa. Laquelle ne
voulut partir de là, qu'elle n'eut tout nettoyé & vuidé ce, qui pourroit dôner occaſion à vne autre ſedition.

Comme le Roy de France priſonnier fut mené en Eſpagne.

CHAP. CLXXXVI.

E reuiens au Roy de France, qui eſtoit priſonnier, qui ayant eſté
gardé pour quelques mois en Italie, à la fin fut emmené en Eſpagne. Où non longuement apres eſtant tombé en fieure &
griefuement malade, l'Empereur vint à luy. Ie ne ſcay pas de quoy ils par-
lerent. Mais l'ayant conſolé priſonnier & malade qu'il eſtoit, il le prie de
prendre courage. Que de ſa partie il feroit qu'il ne luy manqueroit rien
de ce qu'il auroit beſoin pour recouurer ſa ſanté. Ie ſcay bien auſſi que par
l'interuention de quelques grands Princes on s'eſſaya de faire la paix, mais
on n'en peut venir à bout, les François n'y voulant entendre.

Voy-là ce qui eſt de Barlandus.

Comme Charles cinquieſme fit pluſieurs autres guerres, notamment aux heretiques, & comme il ſe demit de ſes eſtats, & puis mourut.

CHAP. CLXXXVII.

E Prince eſtoit grand ennemi des Turcs & des Heretiques, & en
l'an 1530. il defendit Vienne en Auſtriche contre l'armee de Soliman Empereur des Turcs. Il prit en Afrique Thunis & la
Goulette, & les mit ſous ſa puiſſance. Il ſe laiſſa porter à vn traicté de paix
auecque les François à la ſuaſion du Pape Paul III. Il ſe ligua auec le Pape
& les

& les Venitiens, combié que le fruit esperé de ceste ligue ne reüssit L'expedition d'Alger en Afrique luy fut fort mal-heureuse, car toutes ses nauires y furent perduës par la violence des tempestes, qui s'esleuerent en
la saison de l'Automne. Il fit la guerre en Alemaigne aux rebelles prote-
stans, & surmonta heureusement Iean Federic Electeur de Saxe & Philippes Lantgraue de Hesse, qu'il prit prisonniers. Il s'opposa vaillamment
à Henri 2 Roy de France, qui s'estoit vni auec Maurice Electeur & Marquis de Brandebourg. Apres de grandes victoires & choses honorables par
luy faites, estant Empereur, desirant à la fin vaquer à Dieu seul, il fit venir à
luy son fils Philippes, qui lors estoit en Angleterre, & se deuestit entre
ses mains de tous ses estats, terres, & seigneuries, & l'en inuestit. Et apres
auoir enuoyé vn excellent ambassade aux Princes Electeurs assemblez
à Francfort, se despoullant volontairement de l'empire, il le transporta en
la personne de son frere Ferdinand. Depuis estant parti des Païs-bas pour
s'en aller en Espagne, comme il se fut dechargé de toutes affaires du monde, il se retira en la solitude & conuent de saint Iust Ordre de saint Hieros-
me pres Palence auec douze de ses plus familiers. Auquel lieu apres auoir
employé quelques mois en jeusnes & larmes, & à mediter les choses diuines, il finit sa vie, qu'il auoit tous-jours sincerement conduite, & la finit apres auoir receu ses sacremens en l'Eglise, le 21. Septembre 1558. le
cinquante & sept de son âge, & de son empire 38. Apres sa mort on luy
fit cest Epitaphe en Latin, lequel j'ay voulu inserer ici.

DEO

DEO OPT. MAX. SACR.

*D. Carolo V. Imp. Caf. Aug. Max. Indico, Turc. Afric.
Germ. Hiſpaniæ, Sicilia, & Indiarum Regi, P. P. Principi
potentiſſ. & inuictiſſ. ſacri Imperij liberatori, fundatori
quietis, Chriſtianæ Religion. acerrimo propugnatori: juſti-
tia, animi magnitudine, prudentia, religione, clementia, pa-
tiētia, alijſḡ, inſignibus virtutibus longè ornatiſſ. qui poſt in-
gentes vbiḡue terrarum partas victorias, & clariſſimos de
Gallo, Turca, Afris, Italis, Germanis, actos triumphos, tot
multis Indiæ Prouincijs & Inſulis, etiam priſcis incognitis,
per Legatos magno Reipub. Chriſtiana ornamento inuentis
atque luſtratis, denique poſt feliciter adminiſtratam, &
prudenter conſtitutam Remp. Philippo Filio tot ampliſſimis
Hiſpan. Regnis, Flandria, & alijs Prouincijs inaugurato,
Religione ductus ex Flandria in Hiſpaniā trajecit: ſeḡ in ju-
ſtum Hieronymiani Ordinis cœnobium, adibus illic juſſu eius
conſtructis, recepit, vbi reliquum vita, quod vix biennium
fuit, tranquilliſſimè egit, & ſanctiſſimè Obijt XI. Cal. Octob.
M. D. LVIII. Ioanna Luſitaniæ Princeps Hiſpp. Gu-
bernatrix, patri opt. & max. P. Vixit ann. LVIII. menſ.
VI. Dies XXVII. Imperauit an. XL. Regnauit àn. XLIII.*

CHRONOGRAPHICON IN CAROL. V.

CaroLVs hac qVIntVs parVa retInetVr In Vrna,
GerManIs, GaLLIs, ItaLIs, TVrCIſqVe ſeVerVs:

Guilielmi Cripij, G. C.

Aetherea Luſtrans terras Saturniús Arce,
Cæſareumque videns cuncta ſubiſſe iugum,
De Superûm veritus Regnis, & ſede Deorum,
Quid ſupereſt, cœlo quin potiatur? ait,

X   DES

DES GVERRES DE PHILIP-
PES SECOND DV NOM DVC
DE BRABANT.

Pris du liure de Ioannes Molanus, des guerres sain-
ctes des Ducs de Brabant, & autres.

CHAP. CLXXXVIII.

L'EMPEREVR Charles cinquiesme s'estant voüé au repos apres tant de trauaux supportez, tát pour les païs qui luy
estoyent subjects, que pour la defence du saint Empire, aussi
que par vne religieuse souuenáce pensant que sa mort apro-
chôit, laissa l'Empire à son frere Ferdinand, & à son fils Philippes la succession de tant de Prouinces. Donc enuiron l'an mil cinc cés
quarente huit le dit Philippes estant venu en Brabant, & y ayant esté receu
auec grand plaisir de son pere, & grand contentement de ceux du pais, il
en prit le gouuernement. Christophle Chauuet dit l'Estoille, qui estoit
nay de Barcelone, a descrit tous ces voyages ici fort diligemment. Or non
seulement les païs qui luy sont subjects, mais les nations estranges qu'il à
contraintes de receuoir la religion Catholique, & de prester obeïssance au
Pape, ont monstré le deuoir qu'il à fait de maintenir la religion. Car outre
que par son moyen les terres Orientales nouuellement descouuertes, &
toute ceste coste des Indes se conuertissent de jour à autre en la foy de Iesu
Christ, & quitent l'adoration des idoles: encore n'est-ce pas vn petit argument de singuliere deuotion en ce Prince, qu'ayant espousé Marie fille de
Henri VIII. Roy d'Angleterre, la premiere chose qu'il fit, ce fut qu'ayant
fait assembler à Londres les principaux du païs, où il assista & la Royne
aussi, il osta le schisme & l'heresie, dót l'Angleterre s'estoit soullee par la rebellion que fit Henri huitiesme contre l'Eglise. Ce qui fut executé lors
parle soin du Cardinal Reginaldus Paulus Anglois, apres que l'Angleterre
auoit esté plus de vingt ans rebelle au saint siege.

Il secourut aussi ses Pais-bas par vne semblable charité, car ils mouroyét
quasi de faim: & eut soin d'y faire venir du bled de dehors, & dit on que
par

PHILIPPVS IIII. DVX BRAB. HISP. II. REX.

par vne defpence royale il y nourrit plus de trois mille pauures.

Au mefme temps qu'il eut à faint Quentin (qui eft vne ville de France) gaigné vne bataille memorable, & que les habitans defefperez de fecours eurent mis hors de la ville tous ceux qui ne pouuoyent porter armes, Philippes les fit paffer en feureté au milieu de fon camp, iufques à leur bailler des chariots pour les conduire. D'auantage il fit vne ordonnance, que fi l'affaut fe donnoit à la ville, & qu'on y entrat, on fe donnat bien de garde de toucher aux Eglifes, ni aux vieilles gens, ni aux preftres, ni aux moines, & principalement qu'on ne fit aucun tort aux reliques de faint Quentin Religieux martir.

Des guerres que Philippes à faites pour la religion.

CHAP. CLXXXIX.

A FIN que Philippes mit quelque fin aux guerres de la Frâce, que fon pere long temps deuant auoit commencees, il afsiegea faint Quentin ville de Picardie auec vne grande armee d'Efpagnols & de gens du Païs-bas, & l'afsiegea au mois de Iuillet 1557, & le jour de faint Laurent il voüa à Dieu, que fi par les prieres du faint Martir il obtenoit victoire, & qu'à l'aide de Dieu il eut la fin de la guerre, qu'il baftiroit en Efpagne vne belle Eglife de faint Laurent.

Or à fin de deliurer la ville, l'Admiral de Frâce y vint auec la fleur de la nobleffe, mais ayât tous efté tuez ou pris, Philippes eut la victoire, & paya fon veu. Car il fit côftruire vne Eglife en l'hôneur de Môfieur faint Laurét en l'Efcurial au pied de la montaigne enuiron fept lieües de Madril, & fit aufsi baftir vn ample Monaftere des freres Hieronymes, & y joignit vne Vniuerfité, & des Colleges, & vne fort belle Bibliotheque pleine de liures anciens, qui eft la premiere apres la Vaticane. Et certainement on peut mettre & à bon droit ceft œuure entre les miracles du monde, foit que lon regarde le grand corps dont il eft compofé, foit l'architecture. Mais il faudroit vn liure tout entier pour le defcrire: Ici noftre intention eft de parler de fes guerres.

Donc cela fait, & la paix eftant arreftee entre luy & les François, & mefmes ayant pris en mariage Ifabeau fille de Henri fecond, comme il eftoit

fort

fort amateur de la paix, & jusques à sa mort excellent en l'amour de la pieté & de la justice, aussi l'an mil cinc cens soixante quatre il s'appliqua du tout à faire la guerre pour la religion. Donc ayant fait equiper cent galeres, il enuoya Garsias de Tolede en Afrique, pour prendre le chasteau de Peuol de Veles, pour le trauail que faisoit ceste place aux Chrestiens, qui nauigeoyenr. Donc ce chasteau est assailli & pris par la valeur du chef & de ses gens, & n'y eut que peu de Chrestiens tuez, combien qu'estant assis au coupeau de hautes montaignes entrecoupees, & entre de grandes roches, il semblat que ce lieu fut non seulement inaccessible aux hommes, mais aussi aux oiseaux. Le jour de deuant l'assaut on auoit fait prières par tout le camp, & auoyent fait leurs pasques, non seulement les chefs & la noblesse, mais aussi plusieurs de l'infanterie. De sorte qu'il semble que les barbares estans en ce chasteau en ont esté chassez plus par l'assistance diuine, que par l'industrie des hommes. Apres la prise de ceste place, & la garnison mise en icelle, comme chacũ se retirast pour s'en retourner dans les vaisseaux, vne grande troupe de Numides & de Turcs à l'impourueu se ruerent sur les soldats, & toutefois elle fut defaite sans qu'il y eut aucune perte de Chrestiens.

La deliurance de Malte, que lon auoit batue par plusieurs fois & quasi prise, fut bien de plus grande consequence. Car comme Soliman Turc auec cent soixante & huit galeres opiniastrement batit la ville, & que par vne incroyable hardiesse des Turcs les choses furent quasi à leur dernier point. Philippes y enuoya Garsias de Tolede Viceroy de Sicilie, à fin de deliurer du siege les cheualiers de Rhodes, qui combatoyent auec grande valeur. Ce qu'il executa, ayant rengé en bataille sur le continent de l'Isle huit mille trois cens hommes, & par apres toute l'armee qu'il auoit amenee de Sicilie. Or l'importance de ceste deliurance se peut juger par la furie, dont les ennemis auoyenr batu la ville. Car ils y auoyét esté auec tant de force & tant d'opiniastreté, & les cheualiers de Rhodes leur auoyent resisté auecque tant de courage, que lon trouua les charognes des Turcs & leurs corps morts se môter à vingt & trois mille hommes tuez, lesquels auoyent tiré septante & deux mille coups de canon.

La victoire excellente que remporta Philippes à l'Epante doit auoir ici lieu comme la troisyeme en nombre, des guerres qu'il fit pour la religion. Selin apres la mort de son pere Soliman auoit esté fait Empereur des Turcs, Luy donc si tost qu'il fut Empereur, ayant fait vne armee de cent soixante galeres, resolu de prendre l'Isle de Cipre, il y pointa toutes ses for-

ces

ces & sa puissance. Le chef de ceste armee fut Piali Bassa,qui auoit fort cō-
seillé à Selin ceste entreprise.Donc Cypre fut assiegee & par mer & par terre,& quelque temps apres elle fut prise. Piali qui se voyoit victorieux non
seulement se promettoit de se faire maistre en peu de jours de l'Isle de Cre-
te,& des autres qui sont en la mer mediterranee, mais encores il esperoit
d'entrer en terre ferme,& se jetter bié auant en la Chrestienté. C'est pourquoy Philippes bien qu'il fut loing de ce danger, qui menassoit principalement les Venitiens,commanda à André d'Oria son Admiral de donner
secours aux Venitiens auec cinquáte galeres. Et pour-ce que ceste annee-
là les Chrestiens n'auoyét rien tenté pour leur defence,intimidez comme
il est croyable du peril qui se presentoit, & d'ailleurs que l'esté ensuiuant
les galeres des Turcs grandement accreües menassoyent de donner dedans
les païs des Chrestiens,ce bon Roy voulut entrer en la ligue sainte,la quelle fut faite pour la defence de la foy entre le Pape Pie cinquiesme &
les Venitiens. Il eut ceste ligue tant en recommendation , qu'incontinent ayant preparé quatre vingts & vne galere & vingt grandes nefs,
il enuoya Iean d'Austriche son frere, qui estoit braue Prince à Gennes,& de Gennes en Sicile, pour estre chef de ceste guerre. Et qui, s'estant
joint aux Venitiens,& ayant receu le secours du Pape, s'opposa aux entre-
prises des Turcs,superbes pour la victoire de l'annee precedéte. Ce qui fut
si heureusement paracheué,que pres de l'Epante la bataille estant donnee,
de deux cens cinquante galeres qu'auoit le Turc, à peine quarente se sau-
uerent par le moyen de la nuit suruenue. Le reste fut mis à fond ou prises,
& y eut de tuez vne multitude innumerable de ces barbares , & trois cens
nonante pieces d'artillerie prises,& autát de prisonniers. Ceste victoire fut
fort remarquable,de sorte que plusieurs ont escrit, que les Turcs n'en eurent onques de pareille.

  Et toutefois Selin n'en fut tant effroyé,que l'annee d'apres ayant refait
vne grande armee,il n'eut resolu de l'employer contre les Chrestiens. Ce
fut pourquoy Philippes rappella Iean d'Austriche son frere , lequel estoit
allé à Tunes en Afrique, pour l'en leuer aux Turcs, & luy commanda de
se joindre encore aux Venitiens, & d'aller au deuant de l'armee Turques-
que. De quoy l'ennemi effroyé , & se resouuenant de sa perte derniere,
se retira à Pile,non sans dommage toutefois, & auquel lieu il fut depuis
assiegé par l'armee de Philippes.Mais voyant qu'on ne pouuoit beaucoup
proufiter en ce siege,& que l'esté s'en alloit finir, il se retira. Mais l'hiuer
passé si tost qu'il luy fut loisible de se mettre en mer,il fit voile en Afrique,
& ayant

& ayant pris Tunes, il contraignit (apres auoir defait les Turcs) tout le royaume de Tunes d'obeïr aux Chreſtiens,& y mit vn autre Roy.

Philippes occupa le reſte de ſes ans en vne forte guerre, laquelle il eut trente ans durant auec les heretiques, & qu'il mena auec grande puiſſance. Car comme pluſieurs des prouinces du Païs-bas(à l'imitation des Alemans & des François leurs voiſins) ſe fuſſent retirez de la foy Catholique, & pareillement de l'obeiſſance de leur Prince,& que lon veit que l'affaire ſe deuoit traiter plus toſt par armes& par vn ſeuere chaſtimét des heretiques, que par clemence. & douceur. Premierement il enuoya aux Païs-bas le Duc d'Albe auec vne belle armee, & apres Dom Loüis de Requeſens gråd Prieur de Caſtille.

Et depuis le gouuernement fut remis aux Eſtats du Païs, & apres entre les mains de Iean d'Auſtriche ſon frere, lequel deceda au grand regret de tous les gens de bien, apres l'auoir bien gouuerné:& apres luy vint Alexandre de Parme Duc de Plaiſance. Tous leſquels depuis l'an ſoixåte & ſept juſques à preſent ont fait la guerre à l'hereſie,cóme au ſerpét de Lerne. Et ſi en ceſte guerre on demande combien de batailles ſe ſont données, combié de villes repriſes ſur les heretiques, & combié ils en ont repris ſur nous. Combien de ſang il y a eſté verſé, nul ne le ſcait mieux, que ceux qui ont veſcu en ce ſiecle miſerable.

Cependant on ne pardonnoit rien aux Turcs,car on enuoya en Afrique vne bonne armee ſous la conduite du Marquis de ſainte Croix. Mais on la fit retirer en Eſpagne, ayant ſceu par les eſpions, quel eſtoit le conſeil de l'armee des Turcs.

Ainſi ce grand Roy & grand en toutes ſortes emplöya non inutilemét tous les forces & la puiſſance,que Dieu luy auoit dónee treſ-grande, à faire la guerre aux ennemis de l'Egliſe.

De la conqueſte de Portugal.

CHAP.   CXC.

L'AN de noſtre Seigneur IESVS CHRIST 1580. le Roy Philippes s'empara de Portugal, comme d'un heritage qui luy apartenoit. Car ayant eſté en vain diſputé par les Iuriſconſultes de toutes nations du droit de ce Royaume, & pluſieurs tenant qu'il apartenoit au dit Philippes, Anthoine fils de Loüys appellé le baſtard prit les armes, & arma

enuiron

enuiron X X M. hommes des habitans du païs, à fin d'en chasser s'il pouuoit les Espagnols. Il fit son Lieutenant general le Duc d'Alue, comme vn vieil & experimenté chef de guerre qu'il estoit, lequel ayant assemblé enuiron X X V. mille hommes de pied, tant Espagnols qu'Italiens, & D C. Lances, passa par tout le Portugal sans aucune resistence, & vint jusques deuant Lisbonne, se campant pres de l'ennemi. Et apres que par vn combat leger & par la valeur de Sancho d'Auila braue Capitaine il eut pris le pôt, par lequel on va à Alcátara, appellee *Norba Cæsarea*, & qu'il eut batu les forts des ennemis, il mit leur armee en route, & Antoine blessé en deux endroits s'enfuit vers la mer à Manliana, appellée Môte-major, & d'aucuns Mallen. Auquel lieu auec V I. mille hommes de pied & D C. cheuaux Portugaux il fut encore defait. De sorte que se sauuant auecque sa cauallerie, il monta sur mer, & se refugia en Angleterre, & depuis en Fráce, où il morut an. 1595. La conuoitise des soldats fit qu'ils pillerent les faux-bourgs de Lisbonne. Mais le Roy par l'entremise du Duc d'Alue moyenna que la ville ne fut pillee, ains qu'elle bailleroit pour se redimer du pillage trois cens mille escus. Alors le dit Duc d'Alue, qui estoit fort vieil & faché de viure, mourut An. 1582. le 11. Decemb. auec vn grád courage, apres auoir acquis des victoires insignes en Alemaigne & aux Païsbas. Peu au par auant estoit decedee Anne d'Austriche, femme du dit Philippes, en la ville nommee *Pax Augusta* par les Latins, & du vulgaire *Badajor*. Ceste expedition a esté descrite en Latin par Iean Antoine Biperá, & plus amplement en Italien par Ieronimo Franchi Geneuois.

Des femmes qu'il eut, & de ses enfans, & de sa mort, & de ses funerailles.

CHAP. CXCI.

PHILIPPES nacquit en Espagne mil cinc cens vingt & sept le 21 jour de May, au grand bien de toute l'Eglise, & auec vn juste titre qu'il porta de Roy Catholique. Qui est l'an que le Duc de Bourbon auecque ses confederez prit Rome par escalade, & la pilla, & qui toutefois mourut à la prise d'un coup de balle, comme il montoit à l'eschelle.

L'an 1544. Philippes espousa Marie, fille vnique de Iean III. du nom Roy de Portugal, de laquelle il eut l'an 1545 (luy estant agé de 18. ans) le

Prince Dom Charles, & mourut la mere eftant en couché. Et le dit Dom Charles mourut le XXVII. an de fon age.

L'an 1554. il efpoufa en fecondes nopces vne autre Marie, Ro ne d'Angleterre, fille de Henri VIII. du nom, laquelle mourut fans enfans, ayant efté 5. ans auecques luy, & durant ce temps il reftablit la Religion Catholique en Angleterre.

L'an 1560. il efpoufa en tierces nopces Ifabeau, fille aifnee du Roy de France Henri II. & d'elle il eut l'Infante Ifabelle Clara Fugenia, qui nafquift l'an 1566. 22 d'Aouft. La quelle a efté conjointe par mariage auec Albert d'Auftriche, & luy ont efté dónez en dot tous les Païs-bas. Il en eut encore vne autre fille, nommee Catherine, qui a efté mariee au Duc de Sauoye, dont font iffus plufieurs enfans, laquelle deceda au par auant foñ pere.

Sa 4. Femme fut Anne d'Auftriche, fille de l'Empereur Maximilian, & fœur de l'Archiduc Albert, laquelle il efpoufa par difpence du Pape, & pour le bien public, l'an 1570, de la quelle il eut 3. fils & vne fille, qui trefpafferent incontinent, excepté le Roy Philippes III. à prefent Roy des Efpagnes, lequel nafquift au mois de Iuin, l'an 1578. Dieu vueille qu'il viue longuement & heureufement. Ce fut vne grande confolation à fon pere mourant de le laiffer & à toute la Chréftienté. De forte qu'on peut dire de luy, ce que difoit faint Ambroife de l'Empereur Theodofe : *Le grand Empereur s'eft retiré d'auecque nous, mais non totalement retire : car il nous a laiffé fes enfans, efquels nous le pouuons recognoiftre, & où nous le voyons.*

Donc Philippes fecond du nom Roy des Efpagnes & le troifyefme de ce nom des Ducs de Brabant, qui eftoit l'amour du genre humain, meurt plein de jours & de merites enuers l'Eglife & le public, le 72 an de fon age, & de noftre Seigneur Iefu Chrift 1598. le 13 de Septembre, qui eftoit vn dimanche, à cinc heures du matin, ayant efté furpris de fieures le 22 de Iuillet, jour de la Madelaine. Lequel eftant mort, a laiffé de luy par tout vn grand regret, & des larmes, & du dueil, qui demeureront long temps.

Iamais le fiecle qui viendra
Vn fi bon Prince ne verra.

Il difoit en mourant qu'il fe ref-joüiffoit à bon droit, *de ce qu'il mouroit en la foy Catholique, & en la religion de fes majeurs, & en l'obeiffance de l'Eglife*

Romaine,

Romaine, & sous le chef d'icelle, qui estoit le Pape; recommendant à Dieu l'Eglise son espouse & son petit troupeau. Laquelle profession de foy souuent au par auant & lors qu'il estoit en pleine santé il auoit faite, & l'auoit confirmee, la defendant de toute sa puissance contre les Turcs & les Heretiques. Ses obseques furent faites par tout, & particulierement dans Anuers en l'Eglise nostre Dame auecque grande pompe le 14. jour d'Octobre 1598. y ayant vne tres-honorable representation, où estoyét attachez des vers, qui portoyent l'an & jour de son deces.

Vrna CapIt CIneres, CæLI ConVeXa tVetVr
    SpIrItVs, hIC regnI faMa sVperstes erIt.

CVnCta PhILIppe tIbI, CessIt reX regna PhILIppVs
    MortVVs, Vt sVperIs regna parata Colat.

SpIrItVs aLta petIt, sVnt CorporIs eXta sepVLChro
    CLaVsa: tVIs sCeptrIs terMInVs OrbIs erIt.

OrtVs, & oCCasVs, boreas, & CœrVLVs aVster
    PLanXerVnt CIneres Magne PhILIppe tVos.

ALBERT ET ISABELLE
D'AVSTRICHE,
DVC ET DVCHESSE DE BRABANT,

CHAP. CXCII.

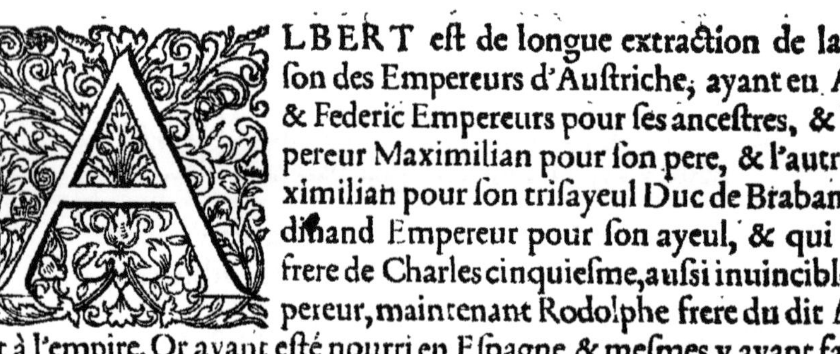

LBERT eſt de longue extraction de la maiſon des Empereurs d'Auſtriche, ayant eu Albert & Federic Empereurs pour ſes anceſtres, & l'Empereur Maximilian pour ſon pere, & l'autre Maximilian pour ſon triſayeul Duc de Brabant, Ferdinand Empereur pour ſon ayeul, & qui eſtoit frere de Charles cinquieſme, auſſi inuincible Empereur, maintenant Rodolphe frere du dit Albert ſiet à l'empire. Or ayant eſté nourri en Eſpagne, & meſmes y ayant fait ſon cours en Theologie, il fut creé Cardinal, & apres la mort de Gaſpar Quiroga auſſi Cardinal il fut fait Archeueſque de Tolede, & depuis enuoyé en Portugal pour Viceroy, & à la fin Philippes 2 Roy Catholique l'enuoya au Pais-bas fort trauaillez de longües guerres, apres que ſon frere Erneſt Archiduc d'Auſtriche y fut decedé en l'an 1595. le 22 de Feurier. Et y vint ſuiui de la fleur de la nobleſſe d'Eſpagne, entre leſquels eſtoit Dom François de Mandoze Admiral d'Arragon, Philippes de Naſſau Prince d'Aurage & Conte de Bure, & pluſieurs autres. Il fut receu à Bruxelles en royal appareil & auec grande congratulation l'onzieſme de Feurier l'annee ſuiuante.

Des geſtes du dit Albert.

CHAP. CXCIII.

L gouuerna heureuſement les affaires ſoit en paix ſoit en guerre, car à peine eſtoit il entré aux Païs-bas comme Gouuerneur, que voy-ci ſoudain (comme la guerre eſtoit allumée contre les François) il prend Calais de force auec vne diligence incroyable, car neuf jours apres l'auoir aſſiegé & batu il s'en fait maiſtre, qui fut le

Y 2   24 Auril,

24 Auril. Et de là sans tarder le 14 May il contraignit Ardres, qui est vne forte ville de France, de se rendre. Puis reuenant de la France en triomphe, il tourna ses armes victorieuses contre les rebelles Holádois, & qui auoyét tellement muni Hulst ville de Flandre, que lon pensoit qu'il n'y eut puissance humaine qui le peut prendre. Toutefois il en vint à bout par son haut courage, & ayant lassé son ennemi, qui d'ailleurs pour la prosperité de ses affaires estoit fort insolent, il le contraignit le 20 d'Aoust d'abandonner ceste forte place. Quatre jours apres vainqueur qu'il estoit il entra dás Anuers, & est receu auec l'alegresse publique de tous les citoyens, qui l'espace de trois jours firent feux de joye, & du chasteau lon tira toute l'artillerie.

L'an suiuant 1597 & l'onziesme de Mars il prit Amiens premiere ville de Picardie, l'ennemi n'y pensant pas, & se tenant d'ailleurs fort asseuré, & la prit par vn stratagéme de guerre & par vne chartee de foin, qui occupa la porte, & la prit auec toute l'artillerie & le bled qu'y estoit dedans, & l'argent & tout l'apareil, & la retint jusques au 25 de Septembre, que Henri 4 l'ayant assiegee la recouura, & depuis la paix fut faite entre les Rois d'Espagne & de France, qui fut publiee à Anuers 1598 le cinquiesme d'Auril.

De son mariage auec Isabella Clara Evgenia,
& comme elle vint au Païs-bas.

CHAP. CXCIIII.

POVR sa vertu Isabella Clara Evgenia luy fut promise par Philippes comme sa fille vnique, lors qu'il estoit sur le point de sa mort. Il l'auoit eüe d'Isabeau fille de Henri second du nom Roy de France. Pour son doüaire il luy donna fort volontiers les Païs-bas & la Bourgongne. Donc Albert le 24 Septébre 1598 se met en chemin pour s'aller espouser, & va en Alemaigne, & de là en Espagne, où les nopces sont celebrees à Valence auec celles de Philippes troisyesme, qui regne à présent. Et pour les affaires des Païs-bas le Duc & la Duchesse reuiennent incontinent. Ils arriuent à Bruxelles sains & saufs le cinquiesme jour de Septembre 1599, & y sont receüs magnifiquement de toute la noblesse, & au grand contentement de tout le peuple. Par apres Anuers prepare ses arcs de triomphe, ses spectacles, & ses theatres, où ils sont receüs & y font leur entree auec grand applaudissement le 10 jour de Decembre 1599. Les feux de joye durerent trois jours. On y auoit dressé

trez

ALBERTVS ET ISABELLA CLARA EVGENIA
AVSTRIACI BRABANTIAE DVCES.

treze fpectacles, dont il y en auoit huit que le Senat & le peuple d'Anuers auoit ordonnez, les autres cinc eftoyent des nations qui font trafiq en cefte ville, comme les Efpagnols, les Portugays, les Geneuois, les Milānois, & ceux que firent les Foucres d'Allemaigne. l'ay opinion que la Republique d'Anuers, par vn liure particulier qu'elle fera faire, vous reprefentera toutes les infcriptions & les peintures en taille douce, comme elle a fait celles de l'entree du Duc Erneft, defcrite par Iean Boch, & par auant celle de Philippes fecond Roy d'Efpagne par Cornelius Grapheus, tous deux citoyens & tous deux Secretaires de la ville d'Anuers. C'eft pourquoy je me retiens, & baille la torche en la main à d'autres, qui par leurs efcrits donneront à la memoire eternelle ce, que les Princes auront fait, foit dehors ou dedans les Païs-bas.

IEAN BAPTISTE VRIENTS

BOVRGEOIS D'ANVERS.

AV LECTEVR SALVT.

CE qui arriue aux tifferans, ami Lecteur, arriue bien fouuent aux Hiftoriographes. Car comme ils font au milieu de leur trame, le fil fe rompt entre leurs mains, & font contrains de le renoüer non fans quelque diformité de leur befongne. Et neantmoine ils n'y veulent inferer autre fil, de peur que la couleur ou trop blanche ou trop noire ou la lice plus groffe ou plus menue n'aporte du deshoneur à l'artifan, & moins de grace à l'artifice. L'hiftoriographe qui fait la toile de l'hiftoire & la tiffure du temps trouue bien fouuent que le fil luy rompt deffous la plume, comme fous la nauette. Car il trouue ou que les lignees des Princes dont il parle defaillent par la mort, ou que leurs Seigneuries leur font oftees par violence, & que les injuftes vfurpateurs prennent leurs titres : de forte que pour continuer la droite texture de leur hiftoire, ils font contrains de prendre vn fil bien efloigné, pour le rejoindre & raporter à vn autre bout, qui en eft rompu & feparé d'un

grand

grand nombre d'annees . Ceste infortune est arriuee à Barlande, celuy duquel je
vous represente les Chroniques des Ducs de Brabant. Car n'ayant intention que de
traiter que des vrais Ducs de Brabant, le fil de ceste verité luy est rompu en la lignee de Charlemagne, où plusieurs ont joüi du Duché de Brabãt, qui n'estoyent pas
Ducs, mais qui sous les Ducs impuissans & incapables de cõmander en joüissoyẽt
comme tuteurs. Et comme en cest endroit le fil se fut rompu, encore vint il à rompre en vn autre lieu, quand apres la mort d'Otho Duc de Brabãt & septyesme Duc
de Lorraine les Empereurs d'Alemagne s'emparerent du Duché au prejudice de
Gerberge sa sœur & sa vraye heritiere, & le baillerent en fief & par droit de benefice a diuers Princes . Ce qui dura jusques à ce que Geoffroy le Barbu issu de la
dite Gerberge renoüa son fil au premier, & issu des vrais Ducs de Brabant, par
gencalogie s'en fit Duc par possession, ayant recõquis vaillãment ce qu'on auoit in-
justemẽt osté à ses predecesseurs . Et pour-ce que le tisserant a coustume de mettre
en la lisiere ce qui est d'un autre fil & d'un autre couleur, j'ay bien volu mettre à la
fin de ce liure comme à la lisiere ce qui estoit hors des vrais & legitimes Ducs de
Brabant, à fin qu'on ne m'accusat point d'omission & de negligence. Et c'est ce que
je vous presente ici, & vous prie de le prendre de bonne part . Car si vous l'auez
agreable, & que vous estimiez que j'aye en ce faisant proufité au public & à vous,
j'estimeray mon trauail bien logé, & ma despence bien employee.

DVCS DE BRABANT
ET DE LORRAINE ADIOVSTEZ AVX

Chroniques de BARLANDE, & qui doiuent estre mis entre

Louys le Pieux & Godefroy le Barbu.

Lothaire.	Charles le Gros.
Charles le Chauue.	Otho.
Loys le Begue.	Henric.
Charles le Simple.	Lambert
Loüis le Simple.	& Gerberge.

APRES

APRES LOVYS LE
PIEVX DOIT SVIVRE

LOTHAIRE Empereur, & Roy d'Italie & d'Auftrafie, & Duc de Brabant. Il eut grands differens auecque fes freres Loüys & Charles pour la part & portion de l'heritage paternel, toutefois apres vne cruelle bataille, où quafi toute la Nobleffe de France demeura, il fut accordé, que Charles auroit la France, Loys l'Alemaigne, Lothaire le titre d'Empereur & l'Italie & la Prouence & l'Auftrafie, laquelle de fon nom il voulut eftre appellé Lorraine. Et de là eft venu que les Ducs de Brabant font appellez Ducs de Lorraine. Mais apres quelques annees il quita l'Empire, & la bailla à fon fils; & quant à luy il prit l'habit de moine, & fe retira dans les Ardennes en l'Abbaye de Prune, apres auoir regné 37 ans, DCCCLXXVI. Charles Roy de Prouence & de Bourgongne mourut fans enfans.

Loüys fon fils ne fut guerre à l'Empire, mais mourut du viuant du pere, n'ayant laiffé aucuns heritiers.

Gillette fut mariee à Geoffroy Duc de Normandie.

LOTHARIVS I. LVD. PII F.

Z

HARLES le Chauue Empereur & Roy de France, Duc de Brabant, & ſecond Duc de Lorraine, defit les Normáds, & reprit Angers. Il courut ſus aux enfans de ſon frere Loÿs Roy de Germanie, mais le puiſné l'ayant defait en bataille, il reuint en France, & pour-ce qu'il entédit qu'ils deuoyent ſe jetter ſur l'Italie, ayant fait paſſer les Alpes à ſon armee, pour leur empeſcher d'y entrer, il fut ſurpris de fieure à Mantoüe, & y mourut de poiſon, qu'vn Iuif ſon Medecin auoit jetté dans la medecine. Ce fut le ſecond an qu'il fut Empereur, & le 38 qu'il eſtoit Roy. Son corps fut aporté à ſaint Denis pres Paris. Il mouroit l'an DCCCC.XIIII.

Sa femme ſe nomma Hermentrude.

Carloman ſon fils s'eſtoit voüé à l'Egliſe, mais depuis y renonçant il conjura contre ſon pere, & ſon pere l'ayant pris luy fit creuer les yeux, & priué delumiere il ſouffrit la peine de ſon peché.

L'autre Charles ſe fiant trop à ſes forces, il defia au combat ſingulier Alboin, qui eſtoit vn puiſſant cheualier, mais il eſt vaincu, & y meurt.

Louys le Begue fut ſon troiſyeſme fils.

Lothaire.

Iudith ſa fille, apres auoir eſté mariee à Adolph Roy d'Angleterre, eſt rauie par Baudoüin grand Foreſtier de Flandres, qui s'eſtant reconcilié à Charles ſon beau-pere, prit le nom & les armes de Conte de Flandres.

CAROLVS CALVVS LVD. PII F.

OVYS le Begue fut Empereur & Roy de France, Duc de Brabant, & troisyesme Duc de Lorraine. Il vainquit les Normands en deux grandes batailles, mais il ne peut les chasser hors, ni empescher qu'ils ne pillassent toute la Gaule Belgique, la Picardie, la Flandres, le Brabant, & la Holande,& tous les Païs voisins jusques au Rhein & pres de Colongne. Il mourut le second an de son regne, ayant laissé sa femme grosse, qui accoucha depuis d'un masle, l'an DCCCC.XVI.

Sa premiere femme fut nommee Ausgarde, que quelques vns ont dit auoir esté fille du Roy d'Espaigne.

Sa seconde femme fut Richilde, fille du Roy d'Angleterre, les autres veulent que ce soit celle-ci, qui estoit fille du Roy d'Espaigne.

Charles surnommé le Simple, qui nasquit apres la mort de son pere.

Loüis & Carloman furent fils du Begue d'une concubine, qu'il auoit, comme dit Paul Emile, & lesquels premierement furent tuteurs de Charles le Simple: & apres Charles le Gros, Otho Roy, Arnulph Empereur, & Loüis.

LVDOVICVS BALBVS CAR. CALVI F.

CHARLES le Simple fut à sa naissance Roy de France, Duc de Brabant, & quatriesme Duc de Lorraine. Car son pere mourant auoit laissé sa femme grosse. C'est pourquoy Charles Empereur & Roy de Germanie son cousin germain gouuerna le Royaume comme son tuteur, & apres son deces Otho Conte d'Anjou. Mais celuy-ci ne fut pas seulement tuteur, mais il fit le Roy l'espace de neuf ans. Or Charles ne pouuant chasser les Normands de la France, fit paix auec eux, & leur laissa la Neustrie, pour y demeurer, & de là est qu'elle est dite Normandie. Mais ces Barbares ne furent long temps en repos. Car ils vindrent assieger Paris, où fit vne seconde paix. Robert Conte de Paris quite le parti de Charles, mais vaincu en bataille il est tué. Et quant au Roy par les embusches du Conte Herbert, qui estoit frere de Robert, il est fait prisonnier, & mourut en prison à Perone, apres auoir regné seul quinze ans, DCCCC.LV.

Oignie fut sa femme, fille du Roy d'Angleterre.

Loüis le Simple fut son fils.

CAROLVS SIMPLEX LVD. BALBI F.

LOYS le Simple, Roy de France, & Duc de Brabant, & le cinquiefme entre ceux de Lorraine, treze ans apres eftant rappellé reüint en France, quitant l'Angleterre, en la quelle il s'eftoit retiré incontinent apres que fon pere fut detenu prifonnier. Et y fut receu du confentement de tous les eftats, & faltié Roy. A lors la France fut enuiron cinc ans fans guerre eftrangere. Mais à la fin Hue Capet Conte de Paris l'ayant abandonné, il fut pris prifonnier. Toutefois par l'interuention d'Otho Empereur il fut reftitué en fa liberté : car il auoit efpoufé la fœur d'Otho. Mourant l'onziefme an de fon regne il laiffa fes enfans Lothaire & Charles. Lothaire prit poffeffion du Royaume de France, & Charles de la Lorraine & du Brabant, mil quatre cens foixante & fix.

Sa femme fut Gerberge, fille de Henri Roy de Saxe & fœur d'Otho Empereur.

Ses enfans Lothaire Roy de France, duquel iffit Loys le dernier Roy de la lignee de Charlemaigne.

Charles Duc de Lorraine & de Brabant.

LVDOVICVS SIMPLEX CAR.SIMPL.F.

Harles Duc de Brabant, & fixyefme Duc de Lorrainé, apres la mort de Louys fils de fon frere Lothaire, qui eftoit Roy de France, & mort fans enfans, eftant entré en France, (la quelle de droit luy apartenoit) il rencôtra Hugues Capet auec vne armee, qui luy contefta fon droit. La bataille fut donnee d'une part & d'autre auecque grande animofité. Deux fois Charles eut du meilleur, à la troifyefme eftât vaincu il s'enfuit à Laon, lequel fut rendu à l'ennemi par la trahifon de l'Euefque, Charles eft pris & enuoyé prifonnier à Orleans, où de dueil il deceda l'an de la falut humaine DCCCC. LXXXVI.

Quant aux guerres qu'il eut pour la religion, lifez Ioannes Molanus au liure des guerres faintes des Ducs de Brabant.

Otho fon fils fucceda à fon pere.

Gerberge fut mariee au frere du Conte de Hainaut, elle luy aporta en doüaire le Conté de Louuain & de Bruxelles, & le Marquifat du faint Empire.

Ermegondis efpoufa le Conte de Hainaut.

GAROLVS CRASSVS LVD. SIMPL. E.

T H O Duc de Brabant & septyesme Duc de Lorraine estoit le vray & legitime & vnique heritier du royaume de France, mais espouuenté de la fortune de son pere, ne se sentant assez fort, il aimoit mieux en asseurance joüir du Duché de Brabant, qu'affectant vn Royaume de se mettre en danger. C'est pourquoy l'espace de quinze ans il gouuerna ses subjets en grande paix & tranquilité. Il deceda sans se marier l'an mil & vn.

E N R I Duc de Bauiere fut subrogé au lieu d'Otho decedé, luy estant Empereur il bailla à Godefroy Conte d'Ardennes la Lorraine & vne partie du Brabant, scauoir celle qu'on apelle le François-Brabant, & en frauda Gerberge sœur d'Otho. A Godefroy succeda son frere Goselin, duquel issit Estienne onziesme Pape, & Godefroy son successeur, & Ede, qui fut mariee à Lambert Conte de Louuain. A Godefroy succeda Godefroy troisyesme son fils, surnommé le Bossu, qui non seulement joüit de la Lorraine & du Brabant, mais de force & auecque les armes il s'empare de la Holande & de la Phrise. Il auoit vne sœur nommee Ide, mariee à Eustache Conte de Boulongne, de laquelle nacquit Godefroy le quatriesme & Baudoin Rois de Hierusalem. Et combien que ces quatre par vne suite continuelle & par la permission de l'Empereur ayent pris le titre de Ducs de Brabant, toutefois d'autant que c'estoit sans droit & sans cause legitime, aussi qu'ils ne possedoyent qu'vne partie du Duché, voire injustement, comme ayant despoullé les justes & legitimes heritiers: C'est pourquoy nous ne les auons point mis au nombre des Ducs de Brabant, & les auons reputez indignes de ce rang honorable, duquel par fraude & meschanceté ils auoyent iniquement debouté les legitimes heritiers. Aussi à la fin ayant quité ce titre de Duc de Brabant, ils se contentent du titre de Contes de Louuain & de Bruxelles, & comme disent aucuns de Marquis du saint Empire. Et pour-ce que Barlande ne parloit que des Ducs de Brabant, c'est pourquoy il les a laissez, & n'en a parlé. Mais en ceux-ci qui suiuent d'autant que la race de Charlemaigne a continué, aussi que par apres ils ont recouuré le Duché de Brabant, c'est pourquoy nous en parlerons selon leur ordre.

OTTO CAROLI F.

Ambert & Gerberge. Gerberge estoit sœur & heritiere du Duc Otho, se voyant autant iniustement que cruellemét excluse de l'heredité de son frere, elle se retint le Conté de Louuain & de Bruxelles & le Marquisat du saint Empire, que son pere luy auoit donné pour son doüaire, & s'abste-noit du titre de Duchesse de Brabant. Mais Lambert son mari apres auoir eu victoire sur les Liegeois, estant esleué de cœur, desirant rauoir ce qu'on luy auoit osté, commence à faire guerre à Godefroy des Ardennes. Mais il mourut en vne bataille, qu'il luy donna l'an mil quatorze, laissant son fils Henri le viel. Côte de Louuain & de Bruxelles, lequel eut de sa femme Gertrude, fille de Robert le Phrison Conte de Flandres, Lambert aussi Conte & son successeur, & Ide qui fut mariee à Baudoin Conte de Flandres & de Hainaut, & Matilde, qui espousa Eustache Conte de Boulongne. Lambert estant mort en bataille luy succeda l'autre Héri son fils, qu'il auoit eu d'Ede fille du Conte d'Ardennes. Il auoit pris en guerre vn gentilhomme nommé Herman, qui n'estant point autrement prisonnier, mais demeurant en la cour du Conte sous vne garde libre, il trouua moyen la nuit d'entrer secretement en la chambre du dit Conte, qui dormoit lors, & luy coupe la teste, & s'en va l'an mil septáte huit. Héri troisyesme son fils luy succeda. Il auoit espousé la fille du Duc de Thuringe, de laquelle il eut Henri, qui mourut à la bataille de Tournay, mil nonante six, & Geoffroy qui recouura & la Lorraine & le Brabant. Nous ne mettons point tous ceux-là au nombre des Ducs, car ils n'ont point tenu le Duché, & n'ont pris le titre de Duc: combien qu'ils l'eussent peu faire, estant les legitimes heritiers d'iceluy. Et de là vint Geoffroy le Barbu.

LES DVCS DE LORRAINE ET DE BRABANT

omis expressement par Barlande entre Loüys le Pieux & Geoffroy le Barbu, comme ils sont couchez par Ioánes Molanus en son liure de la guerre sainte des Ducs de Brabant, depuis le 15. chapitre jusques au cinquantecincyesme.

Loüys le Pieux.
Lothaire premier du nom Empereur, depuis fait moine de Prume.
Charles le Chauue Empereur & Roy de France & de Lorraine.
Louys le Begue Empereur, qui trespassa la seconde annee de son Empire.
Charles le Simple fils de Loys. Pour-ce qu'il estoit fort simple d'esprit, il eut

pour

LAMBERTVS ET GEERBERGA.

pour ſes tuteurs premier & ſecond Louis & Carloman.

Pour le troiſyeſme Charles le Gros.

Pour le quatrieſme Odo, qui fut Roy.

Pour le cinquieſme Arnout Empereur.

Pour le ſixyeſme Louys.

{ Paule Emile dit qu'à tort on met tous ceux-ci entre les Rois de France, n'eſtant que gouuerneurs de l'eſtat.

Henri Roy des Romains & de Lorraine. De luy ſont venus les Ducs Beneficiaires de Brabant, par le benefice & faueur d'Othon premier Empereur. Dont le premier fut

Giſilbert Duc de Lorraine.

Le ſecond Maurice Duc de Lorraine, & apres de Bauiere.

Le troiſyeſme Otho Conte, Preſident en Lorraine.

Le quatrieſme Conrard, comme dit Ioannes Molanus au chapitre 34.

Le cinquieſme ſaint Bruno, Archeueſque de Cológne & Duc de Lorraine.

Le ſixyeſme Godefroy Duc de Lorraine.

Par le benefice d'Otho ſecond Empereur ceux qui ſuiuent le furent pareillement.

Le ſeptyeſme Charles Duc de Lorraine, que Capet deſpoulla du Royaume de France, & mourut priſonnier à Orleans l'an de noſtre Seigneur 991. C'eſt luy qui fit baſtir à Bruxelles ce beau Temple de ſainte Goule.

Les huit & neufyeſme Godefroy & Gothelo, par le benefice de ſaint Henri le Saxon Empereur & Duc de Bauiere, apellé le Boiteux.

Le dixyeſme Godefroy fils de Gothelo, par le benefice de Héri Empereur, apellé le Noir; comme dit Sigebert en ſes Chroniques.

L'onzieſme Godefroy le Begue, Duc de Lorraine.

Le douſyeſme Conrard, par le benefice de Henri quatrieſme, qui le fit Duc de Brabant.

Le treizieſme Godefroy de Boullon Roy de Hieruſalem.

Le quatorzieſme Henri Conte de Limbourg, Duc de Lorraine. Ceſtuy-ci en l'an de noſtre Seigneur 1106 fut deſpoullé du Duché de Brabant, & fut baillé à perpetuité à Geoffroy le Barbu, Conte de Louuain. Le fils de ce Henri, qui auoit eſté ainſi deſpoullé, & qui ſe nommoit Henri comme ſon pere, luy eſtant en Eſpagne combatant contre les Maures, & ayant eſpouſé la fille baſtarde du Roy Alphonce ſixyeſme Roy de Caſtille, fut le premier Roy de Portugal, & ſon fils Alphonſe ayant defait en bataille cinc Rois, il donna ceſt eſcu de Portugal, comme les enſeignes de cinc Royaumes.

Godefroy le Barbu, Conte de Louuain, & Duc de Lorraine, & Grand Duc de Brabant. Voy Barlande au chap. 27. 28. & 29.

TABLE

TABLE DES CHAPITRES

DES CHRONIQVES

des Ducs de Brabant.

PAR

ADRIEN BARLANDE.

Bb

Du

Comme

De

FIN.

APPROBATIO.

HÆC *Ducum Brabantiæ Chronica, authore Adriano Barlando Rhetore inclytæ Academiæ Louaniensis, in multorum vtilitatem prælo mandari poterunt. Datum Antuerpiæ V. Id. Septembris. Anno 1599.*

Siluester Pardo S. Theologiæ Licentiatus,
Cathedr. Ecclesiæ Antuerp. Canonicus, Librorumque Censor.

BIBLIOTHÈQUE ROYALE

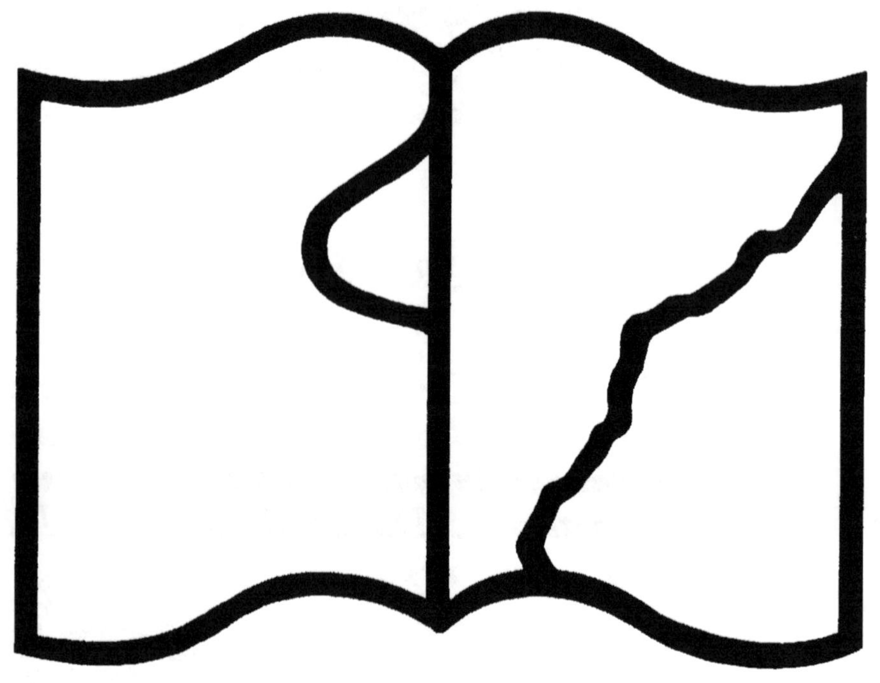

Texte détérioré — reliure défectueuse

NF Z 43-120-11

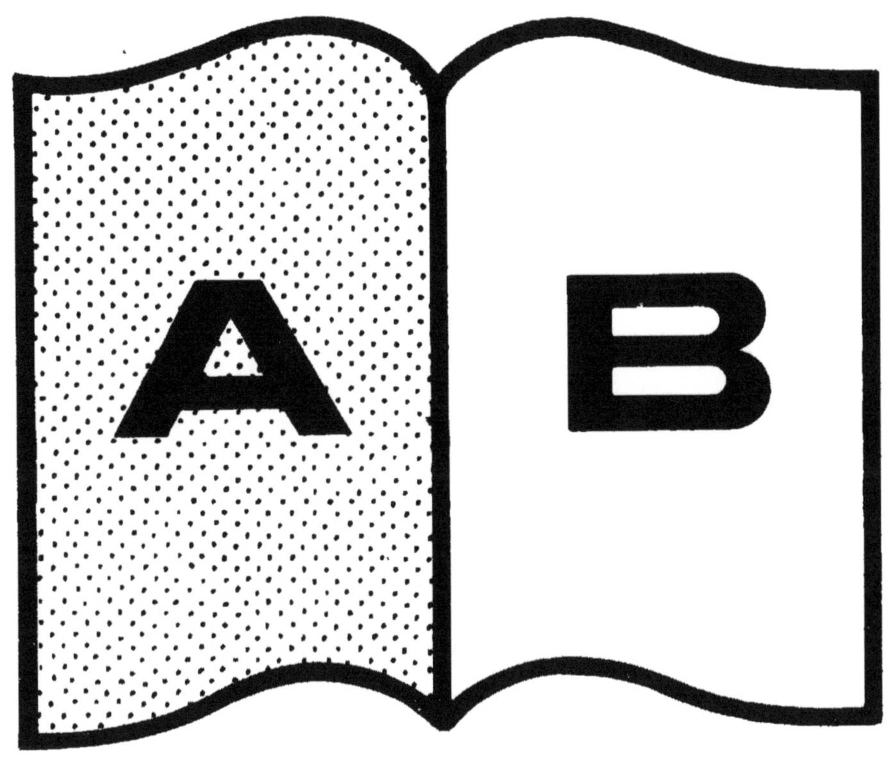

Contraste insuffisant

NF Z 43-120-14

www.ingramcontent.com/pod-product-compliance
Ingram Content Group UK Ltd.
Pitfield, Milton Keynes, MK11 3LW, UK
UKHW010911160726
13695UKWH00007B/502